# L'ÉTAT NUCLÉAIRE

Corinne Lepage

# L'ÉTAT NUCLÉAIRE

Albin Michel

*À tous ceux avec lesquels j'ai mené mes combats sur la sûreté nucléaire à commencer par Christian Huglo.*

*À tous ceux pour lesquels j'ai mené ces combats à commencer par mes petits-enfants Ève et Ruben.*

# Introduction

La France est pétrifiée.

Elle vit toujours au siècle dernier, et pire : elle semble condamnée à faire du sur-place. Cela fait en effet près de quarante ans que je suis les questions nucléaires ; d'abord comme avocate (je défends notamment les collectivités locales opposées à Fessenheim) j'ai vécu directement le mensonge de Tchernobyl car nous étions à l'époque avec mon mari, Christian Huglo, les avocats du Land de la Sarre et de la ville d'Amsterdam. Nous avons pu juger, sur place, ce qui était fait pour les populations, et comparer cet activisme bienvenu avec l'attentisme français. Puis, comme ministre, j'ai cogéré la sûreté et vu de l'intérieur le fonctionnement du pouvoir ; comme députée européenne, j'ai assisté impuissante aux conséquences de notre résistance aux directives de Bruxelles.

En quarante ans, le monde a changé. Le monde, oui, mais pas *ça*.

*Ça* ? Cela tient en un mot : le nucléaire. Autour de ce sujet tabou, les entreprises font bloc, le pouvoir cautionne, le citoyen ignore. Cette situation, intenable à long terme, est une source de colère, d'inquiétudes et de frustration.

C'est ainsi que, dans le cadre de mes différents mandats, j'ai souvent entendu parler d'un « lobby nucléaire », corporation avançant masquée, monstre sans visage. Mais en réalité, ce lobby n'existe pas en tant que tel, ou plutôt il est confondu avec l'État lui-même et, au-delà, avec la reconstruction de l'après-guerre. C'est ce qui explique notre addiction, unique au monde, pour cette source d'énergie mortifère.

Ce livre est donc né d'un refus de ce qui est fait en France, d'une omerta accompagnée d'une campagne de désinformation à la soviétique, pour empêcher nos concitoyens de comparer notre modèle à celui de l'Allemagne, pour ne citer qu'elle, où la révolution énergétique est en marche. Même si les statistiques sont toujours sujettes à caution, certaines méritent quand même d'être rappelées. Certes, l'Allemagne a fait le choix de sortir du nucléaire mais, surtout, elle a fait le choix de développer un modèle qui lui permet de prendre un leadership européen, voire mondial, dans les énergies renouvelables et, demain, le stockage de l'électricité[1]. Le modèle allemand est la preuve que les énergies renouvelables ne coûtent pas plus cher que le système du tout-nucléaire actuel, en vigueur en France, d'autant que le prix des combustibles fossiles ne va cesser d'augmenter.

---

1. En 2012, 23 % de l'électricité provenait d'énergies renouvelables contre 16 % pour le nucléaire et 44 % pour le charbon qui représentait, en 1990, 57 % de l'électricité allemande. 380 000 emplois ont été créés et 566 coopératives d'habitants se sont instituées pour financer et exploiter les installations d'énergies renouvelables.

Et l'Allemagne n'est pas seule ! En 2012, 40 % des éoliennes construites dans le monde l'ont été en Chine. Sans parler des investissements faits en Corée du Sud, au Japon ou ceux des fonds de pension américains… Le porte-parole de la Société française d'énergie nucléaire (SFEN), spécialiste s'il en est du sujet, Francis Sorin[1], analyse froidement le système : « La façon dont le projet [nucléaire] a été mené à bien en une vingtaine d'années – aboutissant à ce que l'électricité produite en France soit désormais "nationale" dans sa quasi-totalité – est significative de la "gouvernance" à la française : c'est l'État qui a tout pris en charge. (…) Les alternances gouvernementales des années 1980 et 1990 n'ont pas nui à la continuité du projet. Bien au contraire, elles en ont, en quelque sorte, renforcé la légitimité[2]… » sauf que c'est l'État qui est devenu l'outil du lobby, et non l'inverse.

Cet outil porte un nom : le Corps des Mines. Comment expliquer ce mariage, voire cette fusion, entre une organisation qui préexistait largement à la découverte de l'atome et l'industrie nucléaire ? Cette dernière est une manne que convoitent aussi bien les militaires que les politiques, mais l'union de la bombe et du pouvoir peut être fatale.

En France, nous prétendons même être détenteurs d'un leadership mondial en matière nucléaire ; or ce leadership appartient au passé. En revanche, la concentration du pouvoir atomique, bien réelle,

---

1. … et rédacteur en chef de la *Revue générale nucléaire*, représentant média quasi officiel de l'industrie nucléaire.

2. *Revue française de géopolitique*, 2004.

repose sur deux têtes, dont chacune regarde dans une direction différente : Areva d'une part, et EDF de l'autre. Leur intérêt quant au développement de la filière n'est pas toujours le même. Le fiasco d'Abu Dhabi en est un parfait exemple[1]. Mais, lorsqu'il s'agit de défendre le nucléaire à l'égard du reste de la société française, les divergences s'estompent… comme par magie.

En effet, devenue une industrie puissante, une source de marché à l'export, le nucléaire a, aujourd'hui, des intérêts commerciaux et économiques évidents. Mais le débat sur l'énergie, lui, est biaisé dès l'origine, puisque ceux qui ont le pouvoir préfèrent les décisions unilatérales au consensus ; le diktat au dialogue. L'opinion publique ? Elle attendra.

Par mes recherches et mon engagement, à force de curiosité bien placée et de ténacité, j'ai trouvé les réponses aux questions simples que je me posais, et que se posent beaucoup de nos concitoyens : comment tout cela est-il possible ? Quels sont les dénis de réalité qui nous condamnent à l'archaïsme ? Comment le lobby nucléaire peut-il scléroser un pays

---

1. En 2009, la France a raté l'appel d'offres de 20 milliards d'euros lancé par Abu Dhabi en raison des bisbilles entre le consortium Areva, GDF Suez et Total proposant la construction de 2 EPR (European Pressurized Reactor, réacteur pressurisé européen), et EDF, au départ écartée du projet. Malgré l'arrivée d'EDF à la tête du consortium imposée par l'Elysée, c'est l'offre coréenne qui a été retenue. Mais les oppositions entre les deux têtes du nucléaire français ne sont pas la seule cause de cet échec. Un prix inférieur de 30 %, et surtout la garantie du client contre tout retard (ce que les Français ne pouvaient accepter compte tenu des déboires de l'EPR) en sont également responsables.

tout entier et son futur, jusqu'à le transformer en État nucléaire ? Comment sortir de l'engrenage atomique ? Certes, le système mis en place est tentaculaire, mais nous pouvons faire autrement. Et surtout : mieux.

PREMIÈRE PARTIE

# LES NEUF DÉNIS QUI PLOMBENT LA FRANCE

# 1.

# Fessenheim, ou le déni du risque

Lorsque l'on racontera l'histoire du nucléaire et la saga de la fermeture de Fessenheim, il y a fort à parier que les jeunes générations seront partagées entre les rires et les pleurs. En tout cas, un fait s'impose : si Fessenheim était en Allemagne ou en Suisse, elle serait fermée… et depuis longtemps.

La construction de cette centrale nucléaire a été décidée à la fin des années soixante. L'enquête publique s'est déroulée au début des années soixante-dix dans un climat de franche opposition de la part des associations locales. Le dossier, plus que succinct, met en lumière une certitude : tous les risques furent pris. Voyez plutôt : une zone très dense à proximité de la Suisse, de l'Allemagne, et à moins de 100 kilomètres de Strasbourg ; un risque majeur de pollution des eaux qui n'a cependant pas empêché la construction de la centrale sur la plus grande nappe phréatique d'Europe, alimentant en eau potable tout le pays rhénan ; un risque sismique majeur à moins de 60 kilomètres de Bâle, ville qui a subi en 1354 un très violent tremblement de terre. Le potentiel d'un nouveau tremblement de terre était évalué, lorsque la centrale a été réalisée, à 6,2 sur l'échelle de Richter, auquel un coefficient de sécurité de 0,5 a été ajouté. En vérité, c'est peu : en effet, le risque est aujourd'hui évalué à 7 ! Enfin, cerise sur le gâteau, cette centrale qui avait besoin, comme toute centrale nucléaire, d'une alimentation en eau, a été construite à proximité du Rhin, plus exactement 9 mètres au-dessous du canal. Cette situation serait aujourd'hui interdite par les normes en vigueur, et les digues construites à l'époque ne permettraient pas de parer un risque d'inondation en cas de rupture.

À ce cumul invraisemblable de risques, les ingénieurs ont cru bon devoir en ajouter d'autres. Fessenheim est la première du genre à avoir été construite en France[1], dans un contexte de guerre ouverte entre le Commissariat à l'énergie atomique (CEA)[2] et EDF. Fessenheim possède en effet un réacteur à eau pressurisée, dit PWR, mais avec des bâtiments assez proches de ceux utilisés par les centrales dotées d'un réacteur à eau bouillante, dit BWR, comme à Fukushima. Contrairement aux centrales réalisées dans les années quatre-vingt, cette centrale n'est pas dotée de tours de refroidissement, ces dernières permettant de rejeter une eau moins toxique. De plus, elle n'est dotée que d'une seule enceinte de confinement, comme Tchernobyl, alors que les autres en ont deux. La conclusion s'impose d'elle-même.

---

1. Voir chapitre 10, p. 119.
2. Organisme public de recherche scientifique français dans les domaines de l'énergie, de la défense, des technologies de l'information, des sciences de la vie et de la santé, implanté sur dix sites en France, créé par Charles de Gaulle en 1945.

Enfin, la dalle en béton, appelée radier, sur laquelle a été réalisée la centrale ne fait que 1,5 mètre d'épaisseur contre 3 ou 4 pour les centrales actuelles et, contre toute attente, 8 à Fukushima ! Tout ceci n'a pas empêché, à l'époque, le Conseil d'État de valider le bien-fondé de la déclaration d'utilité publique[1] – comme il l'a fait pour toutes les centrales nucléaires à l'exception de celle de Creys-Malville – et de refuser d'exercer tout contrôle sur le risque. Il est à cet égard tout à fait intéressant de relire les conclusions du commissaire du gouvernement de l'époque, M. Denoix de Saint-Marc, qui, après avoir été secrétaire général du gouvernement pendant près de dix ans et notamment au moment de Tchernobyl, fut ensuite vice-président du Conseil d'État. Il est aujourd'hui membre du Conseil constitutionnel[2].

Fessenheim a été fabriquée pour durer trente ans, comme toutes les centrales du parc nucléaire français. Cela signifie que le béton, les alliages, les soudures étaient conçus pour cette durée de vie,

1. Arrêt du 28 février 1975.

2. Dans ses conclusions, le commissaire du gouvernement avait notamment affirmé : « En s'appuyant sur les déclarations de certains savants, ils (les requérants) insistent particulièrement sur les pollutions radioactives… les risques des déchets radioactifs, la pollution thermique engendrée par le rejet des eaux de refroidissement des centrales et enfin les risques d'accidents et de sabotage… À cette argumentation, le ministre et EDF répondent avec minutie en s'appuyant sur les dires d'autres spécialistes. Nous ne vous proposons pas d'entrer dans ce débat ; mais nous vous proposons en revanche de partager notre conviction que la discussion qui s'est instaurée au dossier ne permet pas de révéler l'existence d'une erreur manifeste d'appréciation. » Compte tenu des connaissances de l'époque, on peut comprendre cette prudence.

mais guère plus. Mise en service en 1977, elle aurait dû s'arrêter en 2007. De plus, au fur et à mesure, une autre faiblesse est apparue problématique. En effet, au tournant des années 2000, l'Institut de radioprotection et de sûreté nucléaire, l'IRSN, avait tiré la sonnette d'alarme sur la question du radier et des travaux indispensables à réaliser sur la centrale. En vain : EDF avait rejeté fermement ces demandes en raison du caractère trop onéreux de ces investissements ! À l'époque, André-Claude Lacoste, chef de la sécurité nucléaire au sein de l'administration française, avant de devenir quelques années plus tard le président de l'Autorité de sûreté nucléaire, l'ASN, avait tranché en faveur d'EDF contre l'IRSN. La rentabilité avant la sécurité...

Dès 2006, des collectivités publiques suisses, allemandes et françaises, regroupant près de huit cent milles personnes dans une association – l'Association Trinationale de protection nucléaire – décidèrent d'agir pour obtenir la fermeture de la centrale. La procédure débuta en 2006. En même temps qu'était faite une demande de fermeture, il était réclamé au ministère de l'Industrie les arrêtés permettant de rejeter des produits chimiques dans l'eau, ainsi que la mesure des différents polluants rejetés et la température de l'eau. Refus. Et pour cause : la centrale de Fessenheim est la seule à n'avoir jamais eu d'autorisation de rejets liquides chimiques, et la seule à ne disposer que de deux arrêtés de trois lignes datant de 1972 et 1977[1]. En réalité, elle est

1. L'arrêté du 17 novembre 1977 sur les rejets radioactifs liquides est ainsi rédigé : « L'activité annuelle des effluents radioactifs liquides

tellement hors norme qu'il est impossible de lui délivrer un arrêté conforme à la réglementation. Ainsi, elle a été la seule centrale nucléaire à devoir être arrosée à la lance à incendie lors de la canicule de 2003 pour assurer le refroidissement du cœur du réacteur ! Ironie du sort, le tribunal administratif de Strasbourg refusa de donner raison aux collectivités locales et de fermer la centrale. Deux jours seulement avant Fukushima.

### *Fukushima et ses suites*

La catastrophe aurait dû sonner comme un coup de tonnerre, une prise de conscience des risques liés à Fessenheim. En effet, les deux centrales ont le même âge, reposent sur une conception américaine comparable, mais ce n'est pas tout : un rapport effectué par une autorité japonaise indépendante est accablant. Ses conclusions, quant aux causes de la catastrophe,

---

rejetés par l'ensemble des deux tranches de la centrale nucléaire de Fessenheim ne devra pas dépasser 25 curies pour les radioéléments autres que le tritium… L'activité annuelle des effluents radioactifs liquides rejetés par l'ensemble des deux tranches ne devra pas dépasser 2 kgcuries pour le tritium. » Quant à l'arrêté du 26 mai 1972 sur les prises et rejets d'eau, il autorise un débit maximum, un échauffement maximal compris entre 4° et 7° selon les mois mais ne fixe aucune norme pour aucun produit. Il est simplement indiqué : « Au cas où les effluents auraient une incidence nuisible sur la qualité ou le volume des eaux dérivées par la prise d'eau à usage agricole… EDF devra effectuer à ses frais les modifications nécessaires. » Autrement dit, il n'existe aucune réglementation pour les rejets chimiques et même radioactifs hormis les deux indications qui correspondent, du reste, à des niveaux extrêmement élevés.

sont parfaitement transposables à Fessenheim. Autrement dit, les mêmes causes pourraient produire les mêmes effets…

Le rapport pointe l'aveuglement des pouvoirs publics et des autorités exploitantes au Japon, malgré des mises en garde répétées. Les autorités de contrôle, par le biais de rapports sans conséquences pratiques, se couvrent pour mieux retarder la prise de décision qui s'impose : la fermeture du site. Le mensonge de la société exploitante, Tepco, qui, pour couvrir sa faute, a invoqué le tsunami alors que les installations auraient dû être en capacité de résister à un tremblement de terre peut être rapproché de Fessenheim, dont le radier est trop fin pour empêcher la pollution des nappes phréatiques. Plus grave encore, le rapport japonais pointe du doigt les dysfonctionnements dans la gestion de la catastrophe elle-même : mensonges d'État, lâcheté des exploitants, abandon de la population, dissimulations alors qu'une réponse efficace était possible[1].

Dans un État où l'indépendance de l'expertise serait assurée, ces éléments auraient dû conduire à une remise en cause de toute la politique de sécurité nucléaire et à un arrêt immédiat de Fessenheim. Mais l'Autorité de sûreté nucléaire (ASN) n'est pas un démembrement du ministère de l'Industrie : composée d'experts appartenant au monde du nucléaire, elle se garde de prendre toute mesure qui pourrait porter atteinte aux intérêts des exploitants[2]. L'ASN

---

1. Sur ce point, voir *La Vérité sur le nucléaire*, Albin Michel, 2011.

2. L'accident de Marcoule de 2011 a montré qu'une entreprise filiale à 100 % d'EDF, vilipendée par l'ASN pour de multiples fautes

a même admis que le cumul de risque sismique et d'inondation n'avait jamais été envisagé ni étudié[1]. Ce qui n'a pas empêché Henri Proglio, le patron d'EDF, d'affirmer dans le même temps : « Nos centrales sont en excellent état[2] » !

## *Situation ubuesque*

Lors de la campagne présidentielle, le candidat Hollande s'était engagé à fermer Fessenheim fin 2016 en raison de son ancienneté et du risque sismique. Pour autant, cette décision sonnait déjà comme un abandon. Fermer en pleine campagne présidentielle et à quelques mois de l'arrivée éventuelle d'un successeur laissait ouverte l'hypothèse d'un retour en arrière, voire d'un report après l'élection.

Le juge administratif était toujours saisi du recours formé par les collectivités publiques et demandant la fermeture de Fessenheim. Compte tenu de l'engagement du président de la République, qui était fondé notamment sur la vétusté de la centrale, il aurait

---

graves, avait pu éviter de mettre en place quelque mesure corrective que ce soit, sans aucune sanction.

1. Pour André-Claude Lacoste, « l'ASN va regarder s'il y a matière à reconsidérer rapidement les règles liées à la sécurité nucléaire. Le Premier ministre nous a demandé de regarder cinq sujets, qui s'imposent d'eux-mêmes : l'aléa sismique, l'aléa lié aux inondations, la perte d'alimentation en eau, la perte d'alimentation électrique et la gestion de crise » (RFI, 4 avril 2011). « La France n'est pas préparée au cumul de catastrophes naturelles », *Techniques de l'ingénieur*, 19 avril 2011.

2. Cité par *Techniques de l'ingénieur*, 19 avril 2011.

été logique que, dans le cadre de la procédure, l'État change de position. Au lieu de s'opposer à la fermeture comme l'avait fait le gouvernement Sarkozy, l'État aurait dû conclure que la décision de fermeture étant prise, la demande des collectivités locales n'avait plus aucun objet. Elle était satisfaite. En effet, à quoi bon s'opposer à une demande de fermeture de centrale qu'on a décidé de fermer ? Ce bon sens a visiblement échappé aux services de la ministre de l'Écologie de l'époque, Delphine Batho. Celle-ci, bottant en touche contre son camp, s'est vigoureusement opposée à la demande de fermeture, soutenue par l'ASN et EDF. Affirmant qu'aucune décision administrative de fermeture n'avait été prise et que la décision politique n'avait rien à voir avec un risque éventuel représenté par la centrale, elle a très fermement défendu devant le Conseil d'État… la non-fermeture.

À cette incohérence s'est ajouté un épisode particulièrement choquant sur le plan éthique. Devant le Conseil d'État, la présidente de la sous-section chargée de l'instruction du dossier avait visiblement décidé d'aller au fond des choses et ordonné une procédure d'instruction, c'est-à-dire une audience au cours de laquelle les questions sont posées de manière contradictoire aux parties qui peuvent aller dans le détail des faits. Malheureusement, cette présidente, devenue par la suite directrice de cabinet de Mme Taubira, a été remplacée par Mme Isabelle de Silva, qui a accepté cette mission alors même qu'elle avait dirigé le contentieux du ministère de l'Écologie entre 2009 et 2011, ce qui la mettait dans une position délicate.

Il aura fallu que les Suisses brandissent la menace d'une demande de récusation pour qu'elle accepte de ne pas siéger lors de l'audience. Quant au Conseil d'État, il rendra un arrêt qui n'est vraiment pas à sa gloire, calqué sur la position conjointe de l'ASN et d'EDF. Le plus choquant est que, tout en reconnaissant qu'il était parfaitement illégal que la centrale de Fessenheim ne dispose pas d'autorisation de rejets chimiques, la haute juridiction n'en a tiré aucune conséquence. En revanche, pour marquer sa mauvaise humeur, elle a condamné les collectivités publiques à payer 5 000 euros de frais irrépétibles, ce qui est une somme très importante comparée à la moyenne habituelle.

Le résultat de cette politique de Gribouille est que Fessenheim risque fort de ne pas fermer en 2016. En effet, après avoir brillamment fait juger par le Conseil d'État que la fermeture de la centrale n'était pas justifiée pour des raisons de risque – ce qui est une contrevérité – et après avoir laissé l'ASN prolonger de dix ans les deux réacteurs, la fermeture est, de facto, devenue impossible. Techniquement d'abord, car il faut cinq ans pour mener à bien un dossier de fermeture de centrale qu'EDF ne veut même pas commencer[1] ; ensuite, parce qu'en raison

1. Sans doute conscient de cette difficulté, le ministre de l'Écologie avait annoncé que le gouvernement s'apprêtait dans la loi sur la transition énergétique à scinder en deux la procédure de fermeture en distinguant décret de fermeture et décret de démantèlement. Dans cette hypothèse, la procédure de fermeture prendrait probablement deux ans au lieu de cinq. Il n'en demeure pas moins que compte tenu du retard pris par le vote de la loi, il paraît plus qu'improbable que la procédure puisse être mise en route avant

de l'arrêt du Conseil d'État, il n'est plus possible pour l'État de parler de fermeture de Fessenheim pour des raisons de sécurité. Enfin, parce que le manque-à-gagner invoqué par EDF peut trouver une base juridique en raison de la prolongation de dix ans qui lui a été octroyée[1]. Comment accepter pourtant que l'on puisse sciemment exposer plusieurs millions d'habitants à un accident nucléaire majeur ?

## *Comment expliquer l'inexplicable ?*

En France, c'est simple : EDF ne veut pas entendre parler de fermeture. D'abord pour le symbole : ne pas fermer Fessenheim, c'est pour elle affirmer son pouvoir sur le politique et son choix du tout-nucléaire. EDF n'a pas du tout besoin de cette centrale pour fournir de l'électricité à la France, ni même à l'Alsace. Mais elle tient absolument à étendre la durée de vie de ses centrales à soixante ans ; dans cette perspective, il est impératif qu'aucune ne ferme jusqu'à ce que l'objectif soit atteint. EDF joue donc sur la durée en espérant qu'un changement de président

---

le milieu de l'année 2015, ce qui repousse à 2017 le décret de fermeture. Mais tout ceci a été abandonné en rase campagne dans le texte présenté par Mme Royal. L'État n'aura aucun pouvoir de fermeture. Tout dépendra du bon vouloir d'EDF. Donc Fessenheim ne fermera pas avant 2022.

1. EDF et ses partenaires financiers peuvent revendiquer un droit à fonctionner et donc un droit à être indemnisé. Autrement dit, la stratégie choisie par le ministère est lourde de conséquences financières pour le contribuable.

de la République interviendra en 2017, ce qui rebattrait les cartes.

Mais il y a pire. Ce déni de risque vise sans doute à couvrir les responsabilités prises antérieurement, notamment lorsqu'il s'était agi, au début des années 2000, du refus opposé à l'Institut de radio-protection et sûreté nucléaire (IRSN) d'effectuer des travaux jugés à l'époque inutiles et devenus fondamentaux après Fukushima. Mais, et c'est plus grave, il permet aussi de s'arc-bouter à la méthode retenue par l'industrie nucléaire française pour évaluer les risques. Or cette méthode est aujourd'hui remise en cause au niveau international. Les experts internationaux recommandent en effet de suivre non seulement la méthode déterministe utilisée en France (notamment par l'ASN), mais aussi la méthode probabiliste[1]. À propos de Fukushima, Jacques Repussard, directeur général de l'IRSN, défend ainsi la doctrine française de sûreté : « La doctrine probabiliste (...) n'est plus acceptable par la société, au regard de l'ampleur

1. Par méthode déterministe, on entend celle qui consiste à déterminer des causes de risque et à mettre en place des mesures de prévention. Bien évidemment, si un type de risque a été omis, aucune mesure de prévention n'est prévue. C'est ce qui s'est passé à Fukushima avec le cumul de risques séisme et tsunami. La méthode probabiliste s'attaque à cette faille en élaborant des scénarios accidentels et des méthodes d'évaluation des risques. Il faut comprendre ce que cela veut dire : les calculs de probabilité d'accident ont été réalisés en excluant les erreurs humaines et les phénomènes extérieurs. Or, les graves accidents ont eu pour origine l'une ou l'autre de ces causes. Ils sont donc complètement faux, à commencer par le rapport Rasmussen fixant le risque d'accident à un tous les vingt-deux mille ans !

des conséquences pour les populations et les territoires. De facto, elle consistait à faire l'impasse sur des risques à très faible probabilité. Or, même très improbable, un accident grave est possible. »

Reste enfin l'attitude de l'administration française et du pouvoir politique. De manière paradoxale, ce gouvernement pourrait être celui qui a permis la prolongation de la vie de Fessenheim, puisque l'ASN a rendu possible son exploitation jusqu'en 2022. Mais la France est, paraît-il, championne du monde de la sécurité dans le domaine nucléaire.

# 2.

# Fukushima, ou le mythe de la sécurité

Le programme électronucléaire français a été fondé sur un mythe : celui de la sécurité absolue. Jusqu'à Fukushima, la possibilité d'un accident nucléaire en France était écartée d'un revers de la main, voire tournée en dérision. À tel point que l'organisme chargé de mettre en place la réponse à un accident nucléaire[1] n'a envisagé qu'un scénario dans lequel l'accident ne durait qu'une heure et exigeait un confinement limité à un rayon de 5 kilomètres !

Cette fable a été entretenue par l'idée que notre bon pays, la France, ne saurait mettre ses enfants en danger, à l'inverse d'autres contrées dont les motivations seraient bassement mercantiles ou politiques. Ainsi, lorsque s'est produit l'accident de Tchernobyl, la faute en revenait à la Russie soviétique, en rai-

1. Le comité directeur pour la gestion de la phase post-accidentelle (Codirpa) mis en place en juin 2005 par l'ASN pour élaborer une doctrine en cas d'accident nucléaire ou de situation d'urgence radiologique. Onze groupes de travail, réunissant environ cent trente experts provenant d'horizons différents (commissions locales d'information, associations, élus, agences sanitaires, organismes d'expertises, autorités, etc.), ont été constitués.

son d'un système totalitaire n'hésitant pas à sacrifier les êtres humains. Pourtant, c'est bien en France que, lorsque s'est produit l'accident de Fukushima, les médias se sont relayés pour expliquer qu'il ne s'agissait pas d'un accident nucléaire, mais d'une catastrophe naturelle... Les ministres Éric Besson et Nathalie Kosciusko-Morizet ont été jusqu'à défendre la thèse du tsunami seul responsable.

C'est durant cette période que l'habitude du mensonge a atteint un summum : il est vrai qu'Areva, à la fois en tant que fournisseur du MOX[1] – combustible fabriqué par Areva à partir de déchets retraités de plutonium et d'uranium hautement toxiques – qui a considérablement aggravé la situation, et en tant que conseil sur place (bien que ses agents aient été les premiers à partir)[2], n'avait pas de quoi pérorer. La venue à Tokyo de Nicolas Sarkozy et d'Anne Lauvergeon, la patronne d'Areva surnommée Atomic Anne, pour vanter le nucléaire français, en particulier le réacteur pressurisé européen (EPR)[3], en pleine tragédie, a été pour le moins mal perçue.

Mais Fukushima a en réalité lézardé l'édifice. Le changement, pour une fois, est venu d'en haut : le

---

1. Ce combustible était utilisé dans le réacteur 3 de Fukushima, dont l'enceinte a été très endommagée. La présence de plutonium a posé beaucoup plus de problèmes que le combustible des autres réacteurs, ce qui explique la désaffection du MOX depuis 2011. Certains attribuent même au MOX une aggravation de la catastrophe nucléaire elle-même.

2. Les agents d'Areva qui étaient sur place pour l'utilisation du MOX ont été évacués dès le 16 mars 2011.

3. Réacteur pressurisé européen, que l'on retrouve notamment à Flamanville.

président de l'ASN, la très conservatrice Autorité de sûreté nucléaire, a admis qu'un accident nucléaire était possible en France ; et le président de l'IRSN, garant de la sécurité des citoyens, Jacques Repussard, a renchéri. Alors que pendant des années, le chiffre secret du coût réel d'une catastrophe nucléaire qui circulait était celui de 90 milliards d'euros, l'ASN l'a revu à la hausse en le portant à 400 milliards et l'IRSN à 5 000 milliards, dans la pire des hypothèses. L'écart est énorme. 760 milliards d'euros correspond à un cas de base, pouvant atteindre 1 000 milliards avec les conséquences sur les exportations et le tourisme. 5 800 milliards correspond à une situation particulièrement catastrophique dans laquelle il faudrait évacuer cinq millions de personnes, et des coûts environnementaux et de santé explosant à plus de 4 000 milliards.

Comment la facture a-t-elle pu s'alourdir à ce point ? D'abord, les investissements dans le domaine de la sécurité ont été quasiment absents durant quinze ans. Le recours systématique à la sous-traitance a fait baisser de manière gravissime le degré de sérieux et de sécurité des centrales. S'agissant des investissements, le rapport de l'ASN du 3 janvier 2012 sur les évaluations complémentaires de sûreté[1] des installations nucléaires françaises témoigne des insuffisances graves nécessitant plusieurs milliards de travaux.

Sans exiger de fermeture immédiate, l'ASN juge désormais que « la poursuite de l'exploitation des centrales nécessite d'augmenter dans les meilleurs délais,

1. Philippe Collet, *Actu-Environnement*, 3 janvier 2012.

au-delà des marges de sûreté dont elles disposent déjà, leur robustesse face à des situations extrêmes ». Plus récemment, elle a haussé le ton en raison de la découverte d'un risque systémique affectant toutes les centrales et surtout de la corrosion des gaines entourant le combustible[1]. Compte tenu de l'importance de cette corrosion qui peut aller jusqu'à 20 %, l'ASN menace de réduire la capacité d'exploitation des réacteurs concernés. Enfin, le récent rapport Wise commandé par Greenpeace sur la durée de vie des centrales décrit les coûts de mise aux normes et le montant astronomique d'une véritable mise aux normes de nos centrales. Espérons que la Force d'action rapide nucléaire (Farn)[2] puisse intervenir de manière simultanée sur tous les réacteurs d'un site ! Mais espérons surtout que nous n'en aurons pas besoin d'ici là...

Quand bien même ces travaux seraient enfin décidés, leur mise en œuvre, étalée sur plusieurs années, ne fera pas cesser le risque atomique. L'État nucléaire, lui, aura la conscience tranquille.

### *Un problème évident de compétences*

La plupart des accidents industriels proviennent d'erreurs humaines. On pourrait donc exiger de l'ex-

---

1. *Mediapart*, 6 février 2014.

2. La Force d'action rapide nucléaire (Farn) a été exigée d'EDF après les stress tests. Elle est composée d'un état-major et de 4 services régionaux. Elle devrait être dotée à terme de moyens matériels. Elle devrait être opérationnelle pour 4 réacteurs d'une même centrale fin 2014 et sur la totalité des réacteurs fin 2015.

ploitant un effort minimal en termes de formation et de conditions de travail de son personnel, étant donné la dangerosité des sites. Or, la politique suivie par EDF depuis vingt ans est à l'opposé de cette exigence. Le rapport post-Fukushima cible d'abord les conséquences dramatiques du recours à la sous-traitance pour des tâches qui touchent à la sûreté, autrement dit le recrutement d'un personnel pas toujours suffisamment qualifié, bon marché, dont vont dépendre la vie des employés. Non seulement cette politique est humainement inacceptable, mais elle est d'un niveau de complexité qui effraierait les ingénieurs les plus chevronnés. Ainsi, il a existé jusqu'à sept niveaux de sous-traitance !

Quant aux salariés de ces entreprises, ils racontent leur manque de formation et les manipulations auxquelles ils doivent se prêter, par exemple lors des visites décennales. En effet, dans la mesure où il est exigé que la centrale soit arrêtée le moins de temps possible, puisque chaque journée de fermeture coûte 1 million d'euros à EDF, les travaux programmés dans le passé pour trois jours ne durent plus qu'une journée. Certaines tâches ne sont donc pas accomplies, faute de temps, mais sont cochées comme réalisées. Le salarié sous-traitant qui refuserait de signer ne peut le faire en raison de la pression qui s'exerce sur lui.

Pour ajouter au scandale, l'essentiel du personnel qui a construit et exploité les centrales est parti ou sur le point de partir à la retraite. Cela signifie que, même si des équipes plus jeunes ont été formées sur place, l'historique de chaque installation se perd progressivement. Or, à une époque où les centrales vieillissent, le souvenir de leurs faiblesses potentielles disparaît lui aussi.

De plus, la dernière centrale mise en activité l'a été voici près de quinze ans. Une des raisons pour lesquelles l'industrie nucléaire voulait construire la centrale de Flamanville était précisément de maintenir les compétences. C'est un échec non seulement à Flamanville mais en Finlande et même en Chine. Les deux centrales en construction prennent du retard et même les responsables chinois se plaignent de l'insuffisant niveau de sécurité du projet. Plus grave encore, dans un rapport produit en avril 2013, l'IRSN tire la sonnette d'alarme. Jacques Repussard, son directeur, estime que si la France devait abandonner recherches et nouvelles constructions, une sortie rapide du nucléaire serait la meilleure option en termes de sûreté, à l'instar de l'Allemagne : « Vous ne pouvez pas étaler la sortie du nucléaire sur un demi-siècle. C'est très dangereux. » Bienvenue au pays de l'erreur humaine programmée !

### *Des référentiels fort commodes*

À ces problèmes de sécurité croissants, il faut ajouter l'extrême opacité des référentiels[1] français, moins exigeants que ceux des Allemands ou des

1. Par exemple, pour le risque sismique c'est la règle RFS 2001-01 qui s'applique. Le dimensionnement des ouvrages fait quant à lui l'objet d'un guide élaboré par l'ASN en 2006, ASN/2/01.Un guide portant de nouvelles règles a été publié en 2013 par l'ASN. Ces règles doivent en principe être homologuées par le ministre.

Belges. Les référentiels sont des règles générales fixant les normes de sûreté et de sécurité auxquelles doivent répondre les réacteurs. Ainsi, le procès de Fessenheim, lancé par l'association des collectivités publiques suisses, allemandes et françaises pour demander la fermeture de la centrale, a permis de faire des comparaisons très précises des exigences en France et en Allemagne en ce qui concerne le risque sismique, le risque inondation et les rejets toxiques. Une conclusion s'impose : toutes les règles sont plus laxistes en France qu'en Allemagne. Et, récemment, une étude de l'Oko Institut commandée par le Land de Bade-Wurtemberg conclut très clairement à un déficit de sûreté de Fessenheim par rapport aux centrales allemandes[1].

De surcroît, l'ASN comme EDF n'hésitent pas à considérer que les référentiels français ne sont que de simples éléments à prendre en considération lorsque cela les arrange, c'est-à-dire quand ils violent la norme. Fessenheim est là encore un cas d'école. Le référentiel sur le risque sismique de 2001 n'a jamais pu être appliqué ; les nouvelles normes de 2012

1. À la suite de ces conclusions, Franz Untersteller, ministre de l'Environnement, du Climat et de l'Énergie du Bade-Wurtemberg, a déclaré ainsi dans un communiqué : « Notre crainte que Fessenheim (...) ne remplisse pas les exigences de sécurité s'est confirmée. » Dans la plupart des domaines importants pour la sûreté, Fessenheim serait « en dessous de l'état de sûreté des installations allemandes – et même, en partie, de celles que nous avons fermées pour des raisons de sûreté après la catastrophe de Fukushima. » Et Franz Untersteller de poursuivre : « Au vu de ces résultats, Fessenheim doit être fermée au plus vite. 2016, comme le prévoit le gouvernement français, c'est trop tard. »

auraient dû conduire à la fermeture de la centrale à la fois pour le risque inondation et pour le risque sismique. Dans ces conditions, une seule solution pour l'ASN comme pour EDF : prétendre que ces référentiels n'ont aucun caractère obligatoire. Et le plus joli de l'histoire, c'est que le Conseil d'État les a suivis. Ou quand l'État nucléaire irradie la justice…

## *Fissures à géométrie variable*

Parmi les problèmes posés par la sécurité nucléaire, il en est un qui est particulièrement tabou : celui des fissures. Ainsi, en août 2012, une fissure est découverte dans le réacteur numéro 3 de la centrale nucléaire belge de Doel, près d'Anvers, l'un des sept réacteurs exploités par Electrabel, une filiale du groupe français GDF Suez. Un autre réacteur, celui de Tihange 2, équipé d'une cuve similaire, est mis à l'arrêt pour examen, puis les cuves de Doel 4 et Tihange 3. La réparation a été jugée pratiquement impossible par l'autorité de sûreté belge : « Un remplacement de la cuve est extrêmement difficile (dose élevée de rayonnements) et n'a jamais eu lieu où que ce soit dans le monde. » Une dizaine de réacteurs en Europe, une dizaine aux États-Unis auraient été fabriqués par le même groupe néerlandais, les défauts apparaissant dans le matériau de base en acier de la cuve[1]. Près d'un an plus tard, et après

1. Tihange, près de Liège, Garona et Cofrentes en Espagne, Mühleberg aux Pays-Bas et le réacteur numéro 2 de la centrale Ringhals en Suède.

un changement du directeur de l'ASN belge qui était opposé au redémarrage, le nouveau directeur autorisait les deux centrales à fonctionner, le gouvernement se contentant d'indiquer qu'il prenait acte de cette décision[1].

Mais ça, c'est la Belgique ! En France, nous sommes chanceux : les fissures n'existent pas… en principe. Pourtant, dès 1979, des microfissures étaient révélées à Fessenheim et au Tricastin. Le terme de fissure étant un gros mot, banni du discours nucléaire, c'est celui de « défaut superficiel » qui a été retenu, lequel n'a évidemment entraîné aucune conséquence, si ce n'est le projet de réaliser un robot. En 2010, l'ASN reconnaissait avoir détecté, depuis 1993, trente-trois « défauts sous revêtement », c'est-à-dire des fissures situées sous le revêtement interne en acier inoxydable, sur les cuves de dix réacteurs[2]. Plus de la moitié d'entre elles (dix-sept) affectent le réacteur 1 de Tricastin, les autres se trouvant sur les réacteurs de Fessenheim 1 et 2, Chinon B-3, Gravelines 6, Blayais 2, Dampierre 3, Saint-Laurent B-1 et B-2.

Pour autant, au motif que ces fissures ne dépassaient pas une dizaine de millimètres de hauteur, l'ASN a décidé de les considérer comme quantité négligeable, attitude à l'opposé de celle adoptée initialement par l'autorité de sûreté belge. L'ASN considère en effet que ces microfissures ne sont pas comparables à celles trouvées en Belgique. C'est

1. Ce qui prouve que le poids du lobby nucléaire peut aussi l'emporter en Belgique et que les opposants n'ont d'autre choix que celui de se taire.

2. Pierre Le Hire, *Le Monde Planète*, 17 août 2012.

bien curieux puisque l'ASN belge explique très clairement que les recherches qu'elle a été amenée à faire en Belgique l'ont été en raison des fissures détectées chez nous ! Quoi qu'il en soit, les deux centrales belges viennent à nouveau d'être fermées. Mais apparemment, cela n'intéresse personne.

### *La France, championne du laxisme*

Lorsque, après Fukushima, le commissaire européen à l'énergie, Günther Oettinger, a décidé de lancer des stress tests – il s'agit de tests de sécurité sur les centrales européennes inspirés des contrôles effectués sur le système bancaire en 2009 – dans toute l'Europe, la feuille de route était particulièrement intéressante. Il s'agissait de les faire réaliser par une commission indépendante, comportant également des experts venus des ONG chargés d'étudier tous les types de risques. Sauf que dans le domaine communautaire, tout ce qui touche au nucléaire est régi par des règles propres, indépendantes du traité de Lisbonne : le traité Euratom. Ce traité, qui date de 1957, a été signé par les six pays fondateurs auxquels se sont ajoutés progressivement les pays européens membres de l'Union. Une directive Euratom du 25 juin 2009 a établi un cadre communautaire pour la sûreté nucléaire des installations de base. Elle a été modifiée et regroupée avec cinq autres directives dans un texte général adopté le 30 mai 2013 par la Commission européenne. Mais ce traité repose sur le principe de l'unanimité et ne confère strictement aucun droit au Parlement européen, tout juste en capacité de donner, lorsqu'on le lui demande, son avis. Certes, par le biais de la sécurité, le droit communautaire classique et son système de gouvernance ont essayé de se faufiler ; mais c'est bien la règle de l'unanimité qui s'applique et que la France a utilisée pour vider de la plus grande part de son intérêt le dispositif.

Tout d'abord, la France a obtenu que le contrôle soit effectué par les exploitants eux-mêmes (autant donner des allumettes à un pyromane), puis par l'organe de contrôle national (qui n'aura évidemment aucun intérêt à remettre en cause son propre avis) puis enfin par l'ENSREG[1], créé en 2007, qui regroupe les représentants soit des autorités, soit des ministères sur les questions nucléaires. Il faut dire qu'André-Claude Lacoste, président de l'ASN française jusqu'en 2012, et président de l'Association des ASN des pays d'Europe de l'Ouest (WENRA), a aussi été membre fondateur de l'International Nuclear Regulators Association (INRA) et président de la Commission on Safety Standards (CSS) de l'AIEA, la toute-puissante Agence internationale de l'énergie atomique. Un CV qui donne un tout nouveau sens au cumul des mandats !

La seconde étape a consisté à réduire le champ des risques étudiés. Dans la mesure où la France connaissait pertinemment sa faiblesse tant en ce qui concerne

1. Le Groupement européen des autorités de sûreté nucléaire (ENSREG : European Nuclear Safety Regulators Group), créé en mars 2007, réunit, dans le domaine du nucléaire, les responsables des autorités de sûreté nucléaire de l'Union européenne (vingt-huit États membres) ainsi que la Commission européenne. C'est ce groupement qui a validé in fine les stress tests.

la chute d'avion sur les centrales nucléaires qu'en ce qui concerne les risques d'intrusion (Greenpeace en a fait la brillante démonstration à plusieurs reprises)[1], elle a obtenu que ces sujets soient supprimés du champ de contrôle. Ensuite, l'État nucléaire a fait en sorte que l'accès à l'information soit le plus restreint possible. Ainsi, l'exploitant EDF a produit un document de plus de huit mille pages, difficilement accessible sur Internet. De cette manière, les associations qui suivent le fonctionnement des centrales en France ont été mises dans l'impossibilité de pouvoir adresser leurs observations. Comme il fallait s'y attendre, l'ASN s'est contentée de reprendre ses propres observations post-Fukushima et a obtenu de ses pairs un rapport final pour lequel elle avait, en gros, tenu la plume.

Mais quand on y regarde de plus près, le rapport de la Commission européenne peut être lu comme une critique en règle de l'insuffisance des règles de sûreté chez nous. Certes, la Commission européenne confirme que nos exigences sont élevées, mais elle souligne que des améliorations restent nécessaires[2],

1. Vingt-neuf militants de l'organisation écologiste Greenpeace se sont introduits en juillet 2013 sur le site du Tricastin dans le but de dénoncer des failles dans la sécurité nucléaire. En mai 2012, deux intrusions avaient déjà eu lieu, l'une au Bugey où un militant avait atterri après avoir déposé des fumigènes, et l'autre à Civaux où un militant avait pénétré. Auparavant, en décembre 2011, des militants de Greenpeace s'étaient introduits dans deux centrales nucléaires, à Nogent-sur-Seine (Aube) et Cruas, pour démontrer que la sécurité de ces sites était insuffisante. Et à Cruas, ils étaient restés quatorze heures dans un lieu de stockage de déchets.

2. Communiqué de presse de la Commission européenne, 4 octobre 2012 ; communication de la Commission européenne COM (2012) 571

notamment en ce qui concerne la non-application des règles et des normes. Comme par hasard, celle-ci concerne précisément les risques liés aux séismes et aux inondations. La France est le seul pays où les équipements de secours en cas d'accident ne sont pas protégés et où les instruments de mesure sismique adaptés ne sont pas mis en place. L'Allemagne, l'Angleterre, l'Espagne ou la Suède disposent de tels outils ; cette situation est d'autant plus grave que la Commission relève que la France est soumise à des facteurs de risque particulièrement importants.

Pour un pays qui se prétend le parangon de la sécurité, le moins qu'on puisse dire est que ce n'est pas brillant[1].

---

final, 4 octobre 2012 ; document de travail joint à la communication de la Commission européenne SWD (2012) 287 final, 4 octobre 2012.

1. Sur les questions de sûreté et d'accidents survenus en France, se reporter à l'excellent ouvrage de Dominique Leglu, Monique Sené, Raymond Sené, *Les Dossiers noirs du nucléaire français,* Presses de la Cité, 2013.

# 3.

# Le déni sanitaire et environnemental

C'est bien connu : en France, le nucléaire ne pose aucun problème. Ni de santé ni d'environnement. Ce principe a été réaffirmé de manière constante depuis quarante ans, avec le mensonge patent de l'impact du nuage de Tchernobyl – qui s'est arrêté aux frontières, comme chacun sait – mais aussi après le désastre de Fukushima. Mais qu'il s'agisse de pollution chronique ou de contamination accidentelle, la réalité est sensiblement différente. Dans un pays où le monde industriel ne cesse de conspuer un principe de précaution[1] qui en réalité ne s'applique jamais, son absence du débat nucléaire, où il aurait pourtant sa place, semble bien arranger tout le monde.

## *La banalisation de la contamination*

Les centrales nucléaires et, de manière plus générale, les installations nucléaires de base sont toutes

1. C'est du reste le principe de prévention qui devrait jouer et il ne s'applique pas davantage.

soumises à des normes de rejets radioactifs liquides et gazeux. Cela signifie qu'elles sont autorisées à rejeter dans l'environnement de la radioactivité à un niveau jugé sans conséquence pour la santé humaine et pour l'environnement. Dans ce contexte, le sujet des faibles doses n'a jamais été sérieusement pris en compte[1]. On pourrait en déduire que, dès lors que les rejets sont en deçà de la norme réglementaire, il n'y a pas de problème. Les choses sont en réalité bien plus compliquées.

Tout d'abord, les normes de rejet ont été fixées initialement en fonction des demandes de l'exploitant, et non pas en fonction des milieux et des hommes. Ceci explique que la centrale de Fessenheim, qui est la seule en France à n'avoir pas vu ses normes de rejets radioactifs modifiées depuis 1977, est autorisée à polluer à des niveaux cent fois supérieurs à ce qui est autorisé à Cattenom ou au Tricastin.

Quant au niveau de radioactivité autour de La Hague, un rapport effectué par l'institut d'écologie de Darmstadt et rendu public par le ministre allemand de l'Environnement en 2000 montre que les normes allemandes sont dépassées d'un facteur 7 à La Hague (et d'un facteur 20 à Sellafield, l'équivalent anglais de La Hague). « La radioactivité mesurée n'est pas raisonnable, car elle signifie qu'il y a des personnes vivant sur place, ou leurs enfants,

1. L'effet dose consiste à soutenir qu'il ne peut y avoir d'effet sanitaire qu'à partir d'un seuil et que l'effet est proportionnel à la dose. De très nombreuses publications montrent que les enfants et, plus encore, les enfants à naître sont nettement plus vulnérables face à la radioactivité que les adultes.

qui vont devenir malades », estime le spécialiste en radiologie de l'université de Muenster (nord), Wolfgang Koehnlein.

Le rapport Wise, présenté au Parlement européen en 2002, démontre que les modes de calcul en vigueur en Allemagne et ceux en vigueur en France, donnent des résultats très différents, avec une prime à la baisse pour la seconde. En effet, dix ans d'activité de La Hague et de Sellafield équivalent, selon la méthode allemande, à 1/7 de celle due à l'accident de Tchernobyl, tandis que selon la norme française, on aboutit en moyenne à 1/100 de la limite autorisée !

Quoi qu'il en soit, au niveau des installations nucléaires, les rejets en tritium, matière hautement radioactive, ont triplé au cours des quinze dernières années. La Hague et Sellafield en sont la cause principale, en parfaite contradiction avec la convention pour la protection de l'environnement de l'Atlantique Nord (Ospar) entrée en vigueur en 1998, qui fixe l'objectif d'atteindre le niveau naturel de radioactivité en 2020. On en est loin. La Hague rejette deux cents fois ce que rejettent les deux réacteurs de Flamanville et dix fois ce que rejettent toutes les centrales françaises, pour ses rejets liquides. Pour les rejets gazeux, c'est trente fois Flamanville et l'équivalent de l'ensemble des rejets français.

L'association ACRO[1], qui surveille depuis vingt ans les côtes de la Manche, observe une augmenta-

1. L'Association pour le contrôle de la radioactivité de l'Ouest, créée au début des années quatre-vingt-dix et agréée par moi-même en 1996, effectue une surveillance citoyenne de la radioactivité dans

tion considérable de la radioactivité, de l'ordre de 80 % de plus que le niveau naturel. Pour le tritium, le niveau naturel est de l'ordre de 0,2 Bq/l et on mesure jusqu'à 27 Bq/l au large de La Hague[1]. Et ce n'est rien au regard de la mesure de tritium dans la Seine en aval de Nogent-sur-Marne, c'est-à-dire en amont de Paris, où les valeurs se situent entre 70 et 80 becquerels par litre ! Or, les études sur les conséquences de la toxicité du tritium sont extrêmement modestes, voire inexistantes. Ce n'est pas un hasard si l'ASN vient de commander des investigations concernant d'éventuels effets cancérigènes ou héréditaires du tritium. Le scandale gronde...

De plus, lorsqu'il s'est agi d'appliquer les règles internationales en matière de protection des populations contre les rayonnements ionisants, en particulier la CIPR 60[2] (Commission internationale pour la protection radiologique), qui fixe les normes de radioprotection, c'est-à-dire les doses maximales admissibles pour la population et les travailleurs du nucléaire, le lobby nucléaire, en la personne de feu le professeur Tubiana[3], s'est employé à retarder leur

---

l'environnement et plus précisément dans la Manche depuis plus de vingt ans.

1. Le 17 octobre 2012, l'association a mesuré 110 Bq/l de tritium dans l'eau de mer prélevée dans la baie d'Ecalgrain, à proximité de l'usine Areva de La Hague (Manche), alors que le niveau habituel est de moins de 27 Bq/l à cet endroit ; et que l'IRSN, en dix ans de mesure, n'a jamais mesuré plus de 33 Bq/l.

2. La CIPR 60 date de 1990 ; elle est aujourd'hui remplacée par la CIPR 103.

3. Ponte de la médecine nucléaire, pour qui il n'y avait pas eu de morts dus à Tchernobyl.

mise en œuvre. L'objectif était à ses yeux secondaire, puisqu'il ne s'agissait *que* de diviser par cinq le niveau de radioactivité admissible pour la population. Sauver des vies, quoi.

Quant au personnel travaillant dans les centrales, si les salariés d'EDF et d'Areva sont effectivement suivis et protégés, il n'en a pas toujours été ainsi. Ainsi, pour avoir défendu, dans les années quatre-vingt, un cas de leucémie à trileucocytes d'un agent de la Cogema, ancêtre d'Areva, et pour avoir fait juger pour la première fois la responsabilité de l'employeur pour faute lourde, j'ai pu apprécier l'absence totale d'information et de protection dont cette personne avait pâti[1]. Aujourd'hui, le problème a été déplacé puisque les sous-traitants, autant dire les tirailleurs sénégalais des centrales, remplissent la majorité des tâches à haut risque.

1. Affaire X contre Cogema. Cet homme était ingénieur à Pierrelatte et avait manipulé dans les années quatre-vingt, sans aucune information préalable ni aucune protection, des produits hautement radioactifs. Des anomalies graves dans sa formule sanguine (faute inexcusable de l'employeur) avaient été diagnostiquées sans qu'il change de poste, ni même que des précautions soient prises. Une fois le cancer déclaré, il avait été reconnu comme maladie professionnelle. Mais il voulait que la faute soit reconnue. Devant le tribunal des affaires de sécurité sociale (TASS) de Valence, son employeur avait prétendu qu'il avait contracté une MST en Afrique qui était à l'origine du cancer. Le pauvre homme en avait fait une syncope à la barre !

## *Un enterrement de première classe*

Compte tenu des développements précédents, il aurait pu sembler évident de mettre en place une épidémiologie très stricte, de manière à suivre l'impact éventuel de la pollution sur la santé des populations au voisinage des centrales nucléaires. Il n'en a rien été. Ainsi, dès l'origine, l'idée même d'un registre général des cancers a été écartée ; quelques registres ont été mis en place dans les années soixante-dix, mais il faudra attendre 2000 pour que quatorze registres soient créés. Quant à celui de La Hague, créé dans les années soixante-dix, il a été supprimé en 1982... au motif qu'il était inutile. C'est uniquement grâce à une initiative privée de médecins de la Manche qu'une association a été créée en 1994. Un réseau Francim[1] existe, qui regroupe l'ensemble des registres français de cancers généraux et spécialisés. Mais là encore, seuls onze départements sont concernés[2], et pas ceux qui possèdent des centrales (exception

1. Le réseau Francim/INVS (France-Cancer-Incidence et mortalité/Institut national de veille sanitaire), créé en 1999 sous forme d'une association loi de 1901, regroupe tous les registres qualifiés de cancer français. Il compte, en 2011, treize registres généraux métropolitains couvrant quinze départements répartis sur l'ensemble du territoire et douze registres spécialisés dont deux registres nationaux de l'enfant. En 2008, l'INVS, l'INCa (Institut national du cancer), le réseau Francim et le Département de biostatistiques des Hospices civils de Lyon (HCL) ont mis en place un programme de partenariat scientifique à partir de la base de données communes des registres.

2. Bas-Rhin, Calvados, Doubs, Isère, Haut-Rhin, Hérault, Loire-Atlantique, Manche, Somme, Tarn, Vendée.

faite du Bas-Rhin, de la Manche et de l'Isère). Cela signifie très clairement qu'aucun suivi systématique de la population vivant au voisinage de centrales n'a été organisé. On se demande à quoi a servi l'office de protection contre les rayonnements ionisants !

Et pourtant : une étude du registre allemand portant sur les cancers de l'enfant au voisinage des centrales nucléaires, publiée en décembre 2007, porte la conclusion suivante : « Notre étude a confirmé que l'on observe en Allemagne une relation entre la proximité d'une habitation par rapport à la centrale nucléaire la plus proche (...) et le risque pour les enfants d'être atteints, avant leur cinquième anniversaire, d'un cancer ou d'une leucémie. (...) L'exposition au rayonnement ionisant n'a été ni mesurée ni modélisée. (...) Le rayonnement ionisant émis par les centrales nucléaires allemandes en fonctionnement normal ne peut en principe pas être interprété comme une cause. »

Si ces résultats n'ont pas été corroborés par des études suisses et belges, ils l'ont été par des études françaises. Celle tout d'abord de Jean-François Viel, en 1996, qui établissait un surcroît de leucémies chez les enfants autour de La Hague. L'auteur fut à l'époque violemment critiqué, plus que l'étude elle-même, selon la bonne vieille méthode mise au point par les cigarettiers et autres producteurs d'amiante. Elle consiste d'abord à nier l'existence d'un danger ou d'un risque, puis grâce à des scientifiques grassement payés pour faire des études favorables au produit, à contester le lien de cause à effet entre des dommages avérés et le produit incriminé ; enfin à maintenir les doutes alors qu'il n'y en n'a plus. L'objectif est d'entretenir une discussion scientifique pour éviter la prise de décision. Ainsi, le lobby a contesté la dangerosité de la cigarette, puis l'accoutumance, puis le tabagisme passif, puis le lien entre cancer et tabac. Une quasi-certitude se transforme en présomption, puis la présomption en hypothèse et l'hypothèse en une élucubration qui n'a pas à être prise en considération. Ceci s'accompagne en général d'une mise en cause personnelle du lanceur d'alerte considéré comme incompétent, malhonnête, instable, etc.[1].

Jean-François Viel n'y a pas échappé. Je ne le connaissais pas, mais j'ai obtenu la mise en place d'une commission spéciale, avec difficulté, le choix des membres et du président m'étant confié, ainsi qu'à mon collègue de la Santé, Hervé Gaymard, très réticent. Finalement, la présidence en sera confiée au président d'une section du Conseil supérieur d'hygiène publique de France, le professeur Souleau. Ses méthodes de travail contestées conduiront à sa démission et à son remplacement par le professeur Spira. Le sérieux du professeur Viel sera reconnu, mais aucune conclusion claire n'en sera finalement tirée. Et il faudra attendre 2012 pour que le *Journal international du cancer* publie[2] une étude scientifique établissant une corrélation entre la fréquence des leucémies infantiles aiguës et la proximité des centrales nucléaires.

L'Institut de radioprotection et de sûreté nucléaire, avec son sens habituel de la litote quand il s'agit de la santé publique, commentera les résultats : « L'étude observe un excès potentiel de leucémies infantiles

1. Voir Stéphane Foucart, *La Fabrique du mensonge*, Denoël, 2013.
2. *Journal international du cancer*, janvier 2012.

dans un rayon de 5 kilomètres autour des centrales nucléaires françaises sur la période 2002-2007. Ce résultat repose sur des effectifs très faibles, et n'est pas confirmé sur une période plus longue ou lorsque l'on utilise un zonage fondé sur la modélisation des rejets gazeux des centrales. Cette observation pourrait être due à des facteurs de risque non déterminés présents à proximité des installations nucléaires. » Il n'en demeure pas moins, expliquée ou non, qu'il existe bien une augmentation des leucémies infantiles à proximité immédiate des centrales nucléaires.

Mais ce n'est pas un cas isolé. En effet, la France admet, selon une étude faite par le Centre de recherche et d'informations indépendantes sur les rayonnements électromagnétiques (Criirem), des logements situés à moins de 300 mètres et exposés à des champs magnétiques entre 0,8 et 2 µT[1]. C'est beaucoup. La moyenne observée est de 0,9 µT et le Conseil de l'Europe recommande de ne pas dépasser 0,6. Une circulaire de Mme Batho, d'avril 2013, retiendra la valeur de 1 µT pour autoriser l'implantation de nouveaux établissements sensibles (hôpitaux, maternités, établissements accueillant des enfants tels que crèches, maternelles, écoles primaires, etc.). Le choix politique est donc totalement incohérent. Ou bien il y a un danger, et dans ce cas il devrait être interdit d'exposer a minima les enfants et les personnes fragiles ; ou bien il n'y en a pas, et dans ce cas aucune réglementation particulière ne devrait

1. Il s'agit de microtesla qui mesure la composante magnétique du champ magnétique. On peut également mesurer en volt par mètre.

être émise pour les crèches, les hôpitaux ou les maternelles. Mais bien sûr, ce n'est pas le souci de la santé qui prime.

Sans doute, la réglementation internationale émanant directement de l'Agence internationale de l'énergie atomique, l'AIEA, est-elle extrêmement laxiste, puisqu'elle autorise des expositions cent fois supérieures à celles autorisées en Suisse, et quatre cents fois supérieures à celles autorisées en Suède. Vive le principe de précaution qui joue en faveur des industriels et toujours au détriment de la santé !

## *Mensonges d'État*

Dans le même ordre d'idées, Tchernobyl est un cas d'école. Certes, la fable du nuage arrêté à la frontière a fait long feu. Ce n'est que le symbole d'un mensonge d'État destiné à faire croire aux Français que le nucléaire ne pouvait pas avoir de graves conséquences. D'où l'acharnement de feu le professeur Tubiana et de son acolyte le professeur Pellerin à nier les morts de Tchernobyl en dehors des vingt ou trente premiers liquidateurs, dont les décès ont été constatés très rapidement. On appelle liquidateurs les personnels militaires et civils qui ont été chargés d'abord d'éteindre l'incendie, puis de construire le sarcophage, puis enfin d'« assainir » les lieux. Il y en a eu entre six cent mille et huit cent mille. Pour éviter que le public ne prenne conscience du risque de mortalité et de morbidité à grande échelle d'une catastrophe nucléaire, il était indispensable d'éviter que la réalité puisse être mesurée, et donc connue.

L'industrie nucléaire française qui, à l'époque, était très puissante en Europe a contribué à organiser ce déni en France comme en Europe, d'autant plus facilement que l'Union soviétique n'était pas un pays particulièrement transparent ! Le professeur Tubiana, cancérologue réputé, président de la Société française d'énergie nucléaire (SFEN), conseiller de la Cogema, président de l'Académie de médecine, n'a cessé de nier les conséquences sanitaires de Tchernobyl au-delà de quarante-sept morts.

Pierre Pellerin, qui dirigeait à l'époque le Service central de protection contre les rayonnements ionisants (SCPRI), refusera de reconnaître quelque effet du nuage sur le territoire français. La justice française ne s'est certes pas grandie en refusant de mener à bien la procédure pénale engagée à l'encontre du professeur Pellerin pour diffusion de fausses informations, malgré la mise en examen prononcée courageusement par la juge Bertella-Geffroy. La justice française ira même jusqu'à condamner Noël Mamère pour diffamation à l'égard du professeur Pellerin[1], par une succession de décisions rendues par toutes les juridictions françaises jusqu'à la Cour de cassation en 2002. La Cour européenne des droits de

1. Noël Mamère, alors présentateur du journal télévisé sur la 3 avait déclaré : « Il y avait un sinistre personnage au SCPRI qui s'appelait M. Pellerin qui n'arrêtait pas de nous raconter que la France était tellement forte – complexe d'Astérix – que le nuage de Tchernobyl n'avait pas franchi nos frontières. »

l'homme, en 2006, reconnaîtra le caractère caricatural des propos de Noël Mamère mais considérera à l'unanimité que la condamnation de celui-ci n'était pas « nécessaire (...) dans une société démocratique (...) à la protection de la réputation ou des droits d'autrui ».

Le déni du nuage ne s'est pas arrêté à son passage immédiat sur le territoire français et à une presse grand-guignolesque qui a organisé l'omerta jusqu'à ce qu'une journaliste de France 2, Corinne Lalo, rompe le silence en posant publiquement la question de savoir pourquoi, pour deux salades de même niveau de radioactivité, l'une était consommable en France et l'autre ne l'était pas en Allemagne. Ce ne sera que le lendemain que le fameux duel entre Monique Sené et Pierre Pellerin au journal de TF1 révélera aux Français que le nuage ne s'est pas arrêté aux frontières. Lors de cette émission présentée par Jean-Claude Bourret, le 10 mai, Pierre Pellerin se retrouve en présence de Monique Sené, scientifique engagée. À l'époque, les pouvoirs publics ont préféré faire consommer aux Français des aliments contaminés interdits en Allemagne ou en Italie plutôt que de reconnaître la réalité. Après un débat surréaliste sur la manière de présenter les doses reçues où Monique Sené démontre que Pierre Pellerin choisit les curies et non les becquerels, ce qui fait que les chiffres apparaissent beaucoup plus faibles, celle-ci l'accuse d'avoir bloqué l'information. Pierre Pellerin présente alors pour la première fois la carte de France avec les retombées radioactives. Le niveau relevé va jusqu'à quatre cents fois le niveau normal !

Ce n'est qu'en 1996, soit dix ans plus tard, que je rendrai publics les premiers chiffres de l'Institut de protection et de sûreté nucléaire, l'IPSN[1], sur la contamination des sols faisant apparaître des taux extrêmement élevés de radioactivité dans le sud-est de la France. L'augmentation des cancers de la thyroïde était déjà patente en 1996. Elle n'a cessé de s'accroître, en particulier dans le sud-est de la France, dans le Jura et en Corse. Dans l'île, une série d'études[2] démontre une augmentation de 44 % des troubles de la thyroïde pouvant aller jusqu'à 100 %. En 2013, une étude réalisée à la demande de la collectivité territoriale de la Corse évaluait à près de 30 % la hausse des cancers de la thyroïde. Immédiatement, et sans surprise, l'IRSN contestait les résultats : « Sur la base des estimations de doses réalisées en 2002 par nos soins et, en l'état actuel des connaissances sur les effets des expositions aux rayonnements ionisants, on ne s'attend pas à ce que les retombées de Tchernobyl puissent entraîner une augmentation observable de la fréquence de certaines pathologies en Corse. »

Les faits sont là, leur reconnaissance, elle, attendra. Même vingt ans plus tard, l'Institut national de veille sanitaire (INVS), en 2003 et en 2006, continue d'ânonner les mêmes conclusions. Pour ces

1. L'Institut de protection et de sûreté nucléaire était un démembrement du CEA, chargé de la sûreté nucléaire. Il a été remplacé par l'Autorité de sûreté nucléaire. L'IRSN est l'Institut de radioprotection et de sûreté nucléaire créé en lieu et place de l'Office de protection contre les rayonnements ionisants. Il est chargé de veiller sur l'aspect sanitaire et environnemental.

2. Dont celle des professeurs Mouthon et Bras publiée en 2011.

spécialistes ès désinformations, l'augmentation du nombre de cancers de la thyroïde est le résultat d'une « amélioration des pratiques diagnostiques » ! Qui aurait soupçonné la Corse d'être à la pointe du progrès ?

# 4.

# Bure, ou le mythe d'une gestion propre des déchets

À l'origine, le nucléaire devait être moins coûteux, moins polluant, moins lourd en termes d'infrastructures… Mais le miracle a fait long feu. Les déchets d'une industrie que l'on sait aujourd'hui condamnée à la disparition ne cessent de s'empiler. Les premiers concepteurs des centrales se croyaient limités par la technologie dont ils disposaient à l'époque. Ils misaient sur la découverte de leurs successeurs, la manutention des poubelles étant pour eux un simple détail logistique. Cinquante ans plus tard, rien n'a changé. La solution trouvée par les Einstein des temps modernes ? Tout cacher. Loin des yeux… loin de la peur.

Dans un premier temps, les déchets ont été purement et simplement rejetés à la mer ; cette solution étant même présentée par certains comme particulièrement favorable à l'environnement ! Une première convention de 1973, dite de Londres, interdira l'immersion à partir de 1975, mais elle ne sera réellement respectée qu'à partir de 1983 et il faudra en réalité attendre 1993, soit vingt ans plus tard, pour qu'il soit définitivement mis fin à cette pratique. Une fin relative puisque les usines de La Hague et de Sellafield continuent à cracher des rejets soi-disant inoffensifs en mer[1].

Rejets liquides, rejets solides aussi. Le département de l'Aube a remporté la palme du plus gros pollueur avec l'installation du site de Soulaines[2] en 1986, devenu opérationnel en 1992. Puis, à quelques kilomètres, les déchets dits très faiblement radioactifs (TFA) ont été stockés à Morvilliers. Peu importe que ces sites soient dans un département appartenant à la région de Champagne. Ainsi, au milieu des années 2000, Greenpeace mettait en évidence des fuites de tritium en provenance de Soulaines, alors même que les déchets devaient être totalement inertes et donc sans rejets. Que se passa-t-il ? Rien. Si ce n'est une autorisation de rejet ! Quant aux conséquences éventuelles sur le champagne, ce n'était vraiment pas le sujet pour l'Agence nationale des déchets radioactifs (Andra) même si le Centre interprofessionnel du vin de Champagne (CIVC) s'en était ému. Mais comme tout ceci ne suffisait pas, et que les déchets très faiblement radioactifs devenaient trop importants, une autre solution a été trouvée, consistant à les incorporer dans des matériaux de remblais… Histoire d'être bien sûr que le niveau du bruit de fond en France ne pourrait que monter, réduisant d'autant la mesure de l'augmentation de la radioactivité liée au fonctionnement des centrales. On appelle bruit de fond de la radioacti-

1. Voir chapitre 3 p. 48 pour l'étude sur les leucémies.
2. Il s'agit du centre français de stockage de déchets radioactifs de faible et moyenne activité.

vité, le niveau relevé sans aucune activité d'origine nucléaire à proximité. Ce bruit de fond est assimilé à la radioactivité naturelle... Même si elle ne l'est pas puisque nous subissons déjà l'augmentation de celle due aux essais nucléaires atmosphériques des années cinquante.

### *Bure, le scientisme généralisé*

Selon ses plus fervents défenseurs, l'usine de La Hague a été construite pour régler une fois pour toutes ce lancinant problème des déchets. C'est faux : elle l'a été pour produire du plutonium à partir de ces derniers. Tout cela a eu lieu en Europe, au moment où un certain nombre de pays ont au contraire contraint leurs exploitants à ne pouvoir développer des réacteurs nucléaires qu'à la condition d'avoir une solution pour stocker ou retraiter les déchets. Mais la poule aux œufs d'or a cessé de pondre lorsque, progressivement, tous les contrats de retraitement sont venus à échéance sans être reconduits et que nos réserves de plutonium sont devenues excédentaires. Le lobby nucléaire, par son bras armé, Areva, eut alors l'idée d'inventer un nouveau combustible : le MOX. Fabriqué à partir d'uranium et de plutonium usagés, qui justifiaient le maintien de La Hague, ce combustible est d'une dangerosité extrême comme l'a montré l'accident de Fukushima. D'où une baisse massive des commandes de MOX qui vient s'ajouter à la disparition de tous les contrats de retraitement sauf celui d'EDF, obligé par l'État de faire vivre Areva en raison des emplois attachés à La Hague, et de la contre-publicité que constituerait la fermeture de ce centre.

Mais, retraités ou non[1], les déchets à très haute radioactivité et à vie longue doivent trouver une solution. Il n'y en a aucune sur le plan technologique qui permette leur disparition. Une loi – dite loi Bataille – de 1991 prévoyait trois pistes : transformer la centrale de Creys-Malville en incinérateur à déchets ; stocker en subsurface, c'est-à-dire à très faible profondeur (en attendant une solution miracle des générations futures, on a vu la fortune de la chose…) ; et stocker en souterrain, c'est-à-dire tout enfouir sur trois sites au moins de structures différentes, en espérant que l'un au moins fonctionne.

La première solution a évidemment été abandonnée avec la fermeture définitive de Creys-Malville[2]. La seconde n'a fait l'objet d'aucun investissement réel de la part du lobby nucléaire qui n'en voulait pas. Il ne restait donc que l'enfouissement en profondeur. L'avantage est évident. L'exploitant crée une sorte de boîte noire dans laquelle personne n'ira jamais voir, une situation irréversible puisque les déchets ainsi enfouis ne pourront en réalité jamais être remontés, faute d'une technique suffisante. Ainsi, on ose prétendre avoir trouvé une solution définitive alors qu'il ne s'agit en réalité que d'une décharge à durée indéterminée de déchets. Après moi, le déluge…

---

1. Car les trois quarts des déchets hautement radioactifs d'EDF seulement sont retraités à La Hague, le reste, soit 400 tonnes, n'est pas retraité.

2. Il s'agit du surgénérateur ouvert en 1988 et fermé en 1997 après un échec technologique et un arrêt du Conseil d'État.

Le choix de Bure s'est effectué au début des années quatre-vingt-dix[1], après l'accord du conseil général de la Meuse vice-présidé par Gérard Longuet, ministre de l'Industrie en 1993 et ardent défenseur du nucléaire. Trois autres départements avaient été envisagés : la Haute-Marne, le Gard et la Vienne. Mais, sans attendre, l'Agence nationale des déchets radioactifs (l'Andra) achètera les terrains dès 1994. Lors de l'enquête publique qui se déroulera en 1998, trois communes seulement s'opposeront à l'implantation du laboratoire. Le décret de création sera signé le 3 août 1999. Le site retenu s'étend à cheval sur la Haute-Marne et la Meuse. Les fonds d'accompagnement payés par l'industrie nucléaire, initialement fixés à 5 millions de francs, passeront à 22 millions pour chaque département en 1998, puis à 60 millions en 2000. Il faut bien comprendre que ces fonds dits d'accompagnement sont en réalité des versements effectués directement aux communes pour réaliser des infrastructures. Les mauvaises langues diront qu'il s'agit en quelque sorte d'achat de soutiens.

En revanche, lorsque le gouvernement de Lionel Jospin cherchera, en application de la loi Bataille, d'autres sites possibles pour l'enfouissement des déchets radioactifs, ce sera une levée de boucliers, y compris de la part des maires UMP pourtant totalement acquis à la cause. En définitive, alors que la

1. La loi Bataille de 1991 avait prévu la solution de l'enfouissement définitif. Il fallait la tester, d'où la décision de réaliser un laboratoire souterrain à cette fin. Le choix de Bure s'est effectué en 1994 pour le principe et la décision a été signée par le gouvernement Jospin et la ministre Dominique Voynet en 1998.

loi Bataille prévoyait trois technologies possibles et, s'agissant de l'enfouissement, trois sites possibles, le choix définitif se fera entre Bure, Bure et Bure.

Pourtant, l'enfouissement en profondeur ne bénéficie d'aucune garantie technique sur le long terme. Et pour cause ! Il existe au moins un précédent. Le stockage de déchets radioactifs a fait l'objet d'un très grave accident en 1957 à Kychtym, en ex-Union soviétique, à 15 kilomètres de Tcheliabinsk[1]. Mais, à l'époque, Est et Ouest se sont mis d'accord pour occulter cet accident et dissimuler aux populations le fait que le stockage de déchets peut présenter un risque d'explosion due à l'accumulation de radionucléides[2]. Il faudra attendre 1976 pour que la presse anglaise rende public l'accident, qui ne sera connu en France qu'en septembre 1988... Cherchez l'erreur.

Quoi qu'il en soit, le laboratoire de Bure a permis des recherches dont personne ne sait en réa-

1. Un site d'entreposage pour déchets nucléaires liquides a été réalisé vers 1953 à 8 mètres de profondeur. Les systèmes de refroidissement construits autour se sont révélés insuffisants. En septembre 1957, à la suite de la panne d'un des réservoirs, une explosion chimique des déchets secs (principalement du nitrate d'ammonium et des acétates) s'est produite, entraînant l'envol du couvercle en béton, d'une masse de 160 tonnes, dans les airs. La radioactivité résultant de l'explosion est estimée entre 2 et 50 millicuries (entre 74 et 1 850 mégabecquerels). Le nuage radioactif contaminera 800 $km^2$. Le secret absolu sera gardé et la population ne sera évacuée très partiellement qu'un mois plus tard. Le désastre ne sera révélé qu'en 1980 ; l'URSS créera une réserve naturelle de l'Oural Est, région interdite où sont stockées les terres contaminées ; le nombre de deux cents morts liés à des cancers a circulé.

2. Voir Ben Cramer et Camille Saïsset, *La Descente aux enfers nucléaires*, éditions L'Esprit frappeur, 2004.

lité ce qu'elles sont, ni les résultats qu'elles ont donnés. Il s'agit maintenant de passer de la phase d'un laboratoire à celle d'un centre d'enfouissement. Appelé Cigéo, il est destiné à enfouir au moins les 80 000 m³ de déchets à haute et moyenne activité et à vie longue issus de la filière nucléaire. Ces déchets sont ceux de nos centrales nucléaires, mais également de l'armée. Ils émettront pendant des dizaines de milliers d'années entre 100 000 et 10 milliards de becquerels par gramme, ce qui est colossal[1]. Il s'agit de les confiner pendant cent mille ans, dans 15 km² de galeries et d'alvéoles ! Il n'existe aucun précédent à une telle échelle.

## *La défaite des nucléocrates*

Le débat public s'est ouvert au début de l'année 2013 dans une totale obscurité. Prévu entre mai et octobre 2013, il devait comporter quatorze réunions dont les deux premières n'ont même pas pu se tenir. Il devrait être suivi d'une enquête publique pour un début des travaux prévu en 2019 et une mise en service pour 2025. Si plusieurs centaines d'avis ont été donnés et plusieurs dizaines de cahiers déposés, il est incontestable que la décision était en réalité déjà prise. Dans ces conditions, le président de la Commission nationale du débat public, Christian Leyrit, a décidé d'organiser une conférence de consensus. Il s'agit d'un panel d'une vingtaine de personnes,

1. 1 million de becquerels correspond à la limite supérieure des déchets de moyenne activité et 1 milliard, à l'activité du plutonium.

sélectionnées pour représenter la population, formées durant deux weeks-ends à un problème, qui auditionnent durant quarante-huit heures des experts de leur choix et rendent un avis. Celui-ci, rendu en février 2014[1], met l'accent sur les insuffisances et les incohérences du projet.

Car c'est le principe même qui pose problème, à savoir l'irréversibilité. Personne ne peut en effet affirmer que nos successeurs dans quelques centaines d'années disposeront d'informations sur les dangers de ce qui est entreposé à quelques centaines de mètres sous terre. Certes, une loi est censée être votée en 2015 pour permettre la réversibilité. Mais la question n'est évidemment pas législative ; elle est technique. La loi peut être votée et même à l'unanimité. Ce n'est pas pour autant que la réversibilité sera techniquement possible.

Une autre question fait cruellement défaut aux débats organisés çà et là : celle du confinement. Qui peut en effet être sûr que l'eau ne pourra pas s'infiltrer, voire emporter les déchets des conteneurs ? À cet égard, deux précédents sont particulièrement préoccupants et démontrent que la suffisance de ceux qui mettent en place des solutions n'a d'équivalent que leur amateurisme.

Durant des années, l'industrie nucléaire a immergé des déchets radioactifs dans la Manche, plus précisément dans la fosse des Casquets, en affirmant urbi et orbi que cette immersion n'aurait aucune consé-

1. Voir « Vive les 17 citoyens "naïfs" qui ont retoqué Cigéo », tribune de Corinne Lepage publiée le 9 février 2014 sur le *Huffington Post.*

quence, compte tenu de la qualité de « l'emballage ». En 1996, alors que j'étais ministre, je me suis trouvée confrontée à une revendication de Greenpeace. Je me suis alors posé la question de savoir si les fûts ne pouvaient être remontés en surface pour être entreposés en piscine à La Hague. C'est alors qu'il a été constaté que ceux-ci, qui n'avaient pourtant été immergés que dans les trente années précédentes, ce qui est évidemment bien court au regard de la durée de vie des radionucléides[1], avaient totalement disparu. En moins de trente ans, la corrosion avait eu raison de ces fûts censés durer pour l'éternité[2] !

Le second exemple est celui d'Asse en Allemagne. Il s'agit d'une mine de sel qui, après avoir été un de centre de recherche sur les déchets faiblement et moyennement radioactifs jusqu'en 1978, est devenue un centre de stockage (plus de cent mille fûts) de déchets radioactifs. Pourquoi une mine de sel ? Parce que celles-ci sont considérées comme les lieux les plus sûrs au monde en termes d'étanchéité. Pourtant, des infiltrations de saumure étaient suspectées dès 1979, puis observées à partir de 1988, mais il faudra attendre 1995 pour que les autorités se posent la question des conséquences de l'infiltration. En réalité, ce serait 12 000 litres qui ruisselleraient en

1. Les radionucléides sont des nucléides radioactifs capables de se transformer spontanément en un autre nucléide.

2. L'« inventaire des déchets radioactifs dans l'environnement marin » fait par l'Agence internationale de l'énergie atomique (AIEA) estime à 57 942 gigabecquerels la radioactivité présente dans la fosse des Casquets. Un film fait par Greenpeace qui a envoyé un robot confirme le délitement des fûts.

moyenne par jour et trente-deux mille points d'infiltration auraient été repérés[1].

Malgré ces faits connus, cette mine devenait en 2008 le centre de stockage officiel et souterrain des déchets nucléaires. Sauf que la saumure accumulée au fond de la mine est dix fois supérieure à la norme admissible. Si l'eau peut être évacuée, les infiltrations pourraient provoquer une inondation qui polluerait toute la nappe phréatique. Dès lors, il faudrait envisager d'extraire les déchets et de mettre en sécurité le site après sa fermeture. Coût : 2,5 milliards d'euros. Sans parler du défi technique à la clé : irradiation possible des travailleurs, nécessité de tester et traiter les déchets avant de les envoyer vers un autre site définitif. Et si leur récupération s'avérait impossible, d'autres solutions devraient être envisagées. En attendant, chacun se renvoie la responsabilité de ce désastre. Comme quoi, l'aveuglement des nucléocrates et leur foi dans leur capacité infinie à trouver une solution technique ne sont pas propres à la France.

### *Le contribuable, première victime*

Chez nous, la réalité commence à voir le jour. En effet, la prétendue étanchéité absolue de l'argile du site à proximité de Bure retenu paraît un leurre

1. Après la décision politique de récupérer les fûts, un forage a été tenté en juin 2012 après deux ans de préparation. Il s'agit d'une première, jamais envisagée auparavant. Elle est supposée durer un minimum de trente ans.

absolu. L'Autorité de sûreté nucléaire (ASN) elle-même commence à tirer la sonnette d'alarme. Elle a rendu public, le 22 mai 2013, un avis assorti de réserves pour intégrer « les incertitudes résiduelles » sur l'homogénéité de la couche géologique d'argile, « en retenant à titre de précaution un scénario comprenant une ou plusieurs discontinuités [de la roche] afin d'évaluer la robustesse du stockage, même si la vraisemblance d'un tel scénario peut être considérée comme faible ».

Autrement dit, nous nous enfonçons dans un projet aussi aléatoire et risqué techniquement que dispendieux. Les États-Unis ont en effet abandonné le projet Yukka Mountain. Ce site avait été choisi en 1987 par le Congrès après le vote de la loi de 1982 sur la politique de déchets nucléaires qui avait prévu l'exploitation de stockages souterrains. Le projet avait été définitivement approuvé par le Sénat en 2002, la demande de licence devant être déposée en 2008. C'est précisément après l'élection du président Obama que, conformément à sa campagne électorale, l'abandon en fut décidé, faute de crédits suffisants. Un groupe d'experts a été créé avec l'objectif de rechercher d'autres solutions, notamment celle d'une régionalisation du stockage en fonction des centrales existantes. Quoi qu'il en soit, la décision d'un stockage définitif en profondeur, malgré la loi votée en ce sens par les États-Unis, ne paraît nullement définitive en raison de ses difficultés techniques et de son coût.

Le projet français, lui, est astronomique. Depuis la mise en route du laboratoire de Bure, 100 millions sont réglés chaque année à hauteur de 80 % par

EDF, 15 % par Areva et 5 % par le Commissariat à l'énergie atomique (CEA). Ces sommes ont largement servi à « convaincre » – pour ne pas utiliser un autre mot – les élus locaux. Il est vrai que la Meuse comme la Haute-Marne sont des départements dans lesquels les projets industriels, et de manière plus générale les projets économiques, sont particulièrement modestes. Le projet Cigéo a donc été présenté comme une manne propre à développer les emplois. Bien peu ont en réalité été créés, mais les municipalités concernées ont, comme dans le Cotentin, pu, si elles le souhaitaient, multiplier ronds-points et équipements publics.

Il n'en demeure pas moins que le projet a du plomb dans l'aile. Non pas pour des raisons démocratiques, puisque la demande formulée par 10 % des électeurs du département de la Meuse de procéder à un référendum local s'est heurtée à un refus pur et simple du conseil général et l'opposition au projet fait l'objet de toutes les attentions des pouvoirs publics, car les sanctions et pressions se sont multipliées sur les opposants. Mais pour des raisons financières et probablement techniques. En effet, tant qu'il s'est agi de le faire accepter localement, le coût du projet était évalué à 15 milliards d'euros. Mais quand il s'est agi de le réaliser, ce fut une tout autre musique. Le projet était évalué à 35 milliards d'euros par la Cour des comptes, avant même que les travaux ne commencent[1]... Si des dérives com-

1. Le dernier rapport de mai 2014 cite les sommes de 20 et 28 milliards pour le projet selon les indications des uns et des autres mais ne donne pas d'évaluation.

parables à celles qu'a connues l'EPR – le réacteur de troisième génération construit à Flamanville – devaient se renouveler, cela pourrait encore empirer.

Rappelons que le dossier de l'Andra, qui repose sur le stockage dans la couche d'argile, d'une technicité élevée, se montre assez prudent. Elle s'oppose à EDF qui est le payeur et souhaite par conséquent les procédés les moins coûteux dans la réalisation du projet comme dans son exploitation. D'où une animosité croissante d'EDF contre l'Andra, qui remet en cause la compétence de cette dernière. Tout ceci cache en réalité l'absence totale de moyens financiers pour EDF de financer un projet de 35 milliards alors même qu'elle ne dispose probablement pas du vingtième de ce qui est nécessaire pour provisionner le démantèlement des centrales nucléaires.

En effet, 15 milliards d'euros seulement – et encore – ont été provisionnés pour un démantèlement dont personne n'ose aujourd'hui évaluer le coût mais dont le montant, s'il était comparable à celui retenu par la Grande-Bretagne ou la Suède, pourrait être compris entre 100 et 150 milliards ! La mise aux normes des centrales paraît inatteignable. Ainsi, la réalité financière risque de rendre soit impossible, soit encore plus dangereuse la réalisation de Bure. Il est vrai que l'Andra et l'ASN estiment avoir le temps puisque les déchets les plus hautement radioactifs ne pourront de toute façon pas être stockés avant quatre-vingts ans. Mais EDF est pressé pour cause de bilan et de valeur de l'action. Les commissaires aux comptes seraient en effet très heureux de voir disparaître le plus tôt possible de la comptabilité d'EDF les provisions nécessaires pour l'aval du cycle.

Cette espèce de folie technologique qui a conduit à tout concentrer sur Bure, et donc sur l'argile, pose aujourd'hui problème à ses promoteurs eux-mêmes, puisque l'option granitique, qui a pourtant été abandonnée voici près de vingt ans, semble revenir dans le débat. Mais ceci signifierait l'abandon de Bure et la perte sèche de plusieurs centaines de millions d'euros. Une fois encore, l'arrogance des ingénieurs du nucléaire, et plus précisément ceux du CEA, risque de créer dans le meilleur des cas un nouveau Creys-Malville[1] sur le plan financier, dans le plus mauvais, une source de pollution majeure de notre territoire. Comme c'est souvent le cas, le bon sens est venu de nos concitoyens. L'avis du panel de citoyens, sans a priori contre l'enfouissement, souligne l'absence d'urgence, l'absence de réversibilité dans le choix technique et les multiples incertitudes du projet. Il résume parfaitement le problème. C'est sans doute pour cette raison que le lobby s'est empressé de le mettre sous le boisseau[2]. Il a en revanche obtenu dans la nuit qui a précédé l'annonce du projet de loi Transition énergétique l'introduction de deux articles pour valider Bure et exclure tout débat parlementaire spécifique. Les bonnes habitudes de l'opacité et du coup de force du lobby ne se perdent pas.

---

1. Le surgénérateur arrêté en 1997.

2. Commission particulière du débat public Cigéo, debatpublic-cigeo.org/index.html

# 5.

# L'ASN, ou le déni de la dépendance

Lorsqu'en 2006 a été annoncée la création d'une Autorité de sûreté nucléaire indépendante, l'ASN, à laquelle furent délégués tout le contrôle de l'industrie et la possibilité de prendre des mesures de suspension voire d'arrêt, en cas d'urgence et de risque, beaucoup y ont vu un progrès considérable. Y compris parmi les nucléocrates. Cette impression a été renforcée par les plaintes répétées du lobby nucléaire envers cette autorité dont la tutelle semblait limiter leur champ d'action. Pourtant, à bien y regarder, mis à part la suspension des travaux de Flamanville pour cause de structure en béton insatisfaisante, l'ASN reste encore très bienveillante à l'égard des exploitants, même si ses prises de position récentes peuvent surprendre.

L'idée d'une autorité indépendante chargée de surveiller le nucléaire n'est pas nouvelle, puisqu'elle était déjà évoquée dans les années quatre-vingt-dix. La bataille qui m'avait à l'époque opposée, en tant que ministre de l'Écologie, au ministère de l'Industrie pour la direction de l'Institut de protection et de sûreté nucléaire, ancêtre de l'IRSN, s'était terminée par une victoire relative puisque c'est mon candidat qui l'avait emporté. Mais il m'était alors apparu que cet institut n'avait en réalité aucune existence juridique propre puisqu'il ne s'agissait que d'un démembrement du Commissariat à l'énergie atomique. Quant à l'Office de protection des rayonnements ionisants, l'OPRI, aujourd'hui fondu dans l'Institut de radioprotection et de sûreté nucléaire (IRSN), j'avais rendu public le fait qu'au lieu de procéder aux contrôles des mesures des rejets de La Hague, ce brave office se contentait d'apposer sa signature sous les mesures faites par l'exploitant ! Il fallait donc maintenir l'objectif de sécurité, mais en y ajoutant un indispensable critère : l'indépendance.

### *Une autorité qui évolue ?*

Il est fort dommage que les gouvernements successifs aient fait le choix de la demi-mesure en créant l'Autorité de sûreté nucléaire et en ne faisant de l'IRSN, chargé de veiller sur la santé et la sûreté, qu'un simple organe d'expertise à la disposition de l'ASN. Son premier président, André-Claude Lacoste, dirigeait, au sein de l'administration française, la sûreté nucléaire depuis vingt-cinq ans. Enfin, tous les membres de l'ASN[1] sont issus du lobby nucléaire.

---

1. Le collège de l'ASN est composé de cinq commissaires (Michel Bourguignon, Jean-Jacques Dumont, Philippe Jamet, Margot Tirmarche) dont le président de l'ASN (Pierre-Franck Chevet, successeur de Lacoste). Ils sont nommés pour six ans, trois par le président de la République et un par le président de chaque Assemblée parlementaire. Ces commissaires sont irrévocables, sauf situation exceptionnelle, et astreints à un devoir d'impartialité.

Pas question de faire entrer dans le saint des saints des physiciens issus, par exemple, du groupement des scientifiques indépendants sur l'énergie nucléaire, a fortiori des représentants d'ONG spécialistes du sujet. Il en ressort que si l'ASN est certes indépendante sur le papier, elle ne l'est pas toujours dans les faits.

En donnant la présidence de l'Autorité de sûreté nucléaire à M. Lacoste, le lobby pouvait dormir tranquille. En effet, ayant assumé la tâche du contrôle à l'intérieur de l'administration en veillant à ce que les questions d'environnement et de santé publique ne viennent pas trop gêner l'intérêt de l'exploitant, et en faisant en sorte qu'un droit dérogatoire – c'est-à-dire conçu sur mesure pour le nucléaire – lui facilite la vie, il y avait peu à craindre. Et effectivement, au moins jusqu'à Fukushima, les critiques et réserves de l'ASN sont toujours restées très mesurées. Une sorte de jeu de rôle s'est mis en place dans lequel l'exploitant hurlait au loup lorsque des travaux lui étaient demandés, obligeant l'ASN à reculer, l'autorité française n'ayant jamais eu la fermeté de l'autorité belge ou allemande.

André-Claude Lacoste parti à la retraite en novembre 2012, c'est son adjoint Pierre-Franck Chevet qui lui a succédé. Cet X-Mines, qui a fait une longue carrière dans l'administration nucléaire, jusqu'à la direction de l'énergie au ministère de l'Écologie, paraît ouvrir une nouvelle ère. Force est de constater que ses premiers avis semblent plutôt plaider en sa faveur. Face aux risques qui affecteraient une série de réacteurs, dits risques systémiques – corrosion accrue, écarts croissants avec les règles de sûreté –, l'ASN semble inquiète. D'où des rapports sévères et surtout la demande de pouvoir disposer de sanctions effectives auprès de l'exploitant. Une situation assez nouvelle sous forme de bras de fer.

Ainsi, la délégation de pouvoir faite à l'ASN par le gouvernement, qui garantissait qu'aucune mesure trop sévère ne serait prise à l'encontre des intérêts nucléaires, apparaît vidée de sa substance. De plus, l'ASN cherche à restreindre le rôle de l'IRSN – plus critique et plus technique car moins peuplé par le Corps des Mines. Peut-être la loi sur la transition énergétique parviendra-t-elle à l'imposer une fois pour toutes[1]. Rappelons en effet que le président de la République avait annoncé, lors de la conférence environnementale en septembre 2013, que la loi serait revue pour permettre au gouvernement d'imposer la fermeture d'une centrale nucléaire s'il le voulait, alors qu'aujourd'hui une telle décision dépend uniquement de l'ASN.

### *Des contrôles encore trop bienveillants*

Chargée d'assurer l'information dans le domaine nucléaire, cette institution a choisi une stratégie particulièrement astucieuse : inonder la toile d'informations. Elle rend publics les rapports, les incidents, ainsi qu'un grand nombre de courriers. Sauf qu'aucune hiérarchisation n'est faite entre les diffé-

1. Malheureusement, malgré les demandes formulées par l'ASN de voir ses pouvoirs et ses moyens renforcés, rien ne figure dans l'avant-propos présenté par Mme Royal. EDF semble avoir gagné sur toute la ligne.

rents éléments, de telle sorte que seuls les initiés, et à la condition d'y consacrer un temps considérable, peuvent tenter d'en percer le sens. Autant chercher une aiguille dans une meule de foin ! En revanche, lorsque se produit un incident, l'ASN devient mutique et plus lente à tirer les conclusions qui s'imposent. Les exemples sont multiples.

Ainsi, en 2008, lorsqu'une fuite d'une cuve de rétention dans une installation de la société Socatri, filiale d'Areva, sur le site du Tricastin, a provoqué le rejet dans l'environnement d'effluents uranifères, l'ASN a mis cinq heures à réagir et a, de surcroît, classé l'événement 1 sur l'échelle INES[1], qui en compte 7, alors que les spécialistes l'estimaient à 3. Les contrôles ont mis en évidence une pollution radioactive des nappes phréatiques avec un dépassement des normes émises par l'Organisation mondiale de la santé (OMS) en uranium pour l'eau potable. Quelques jours plus tard, la contamination d'une centaine d'employés par des poussières radioactives n'a donné lieu qu'à un classement 0 sur l'échelle INES, alors qu'une contamination importante doit donner lieu à un classement d'un minimum de 2 sur cette échelle. En bref, l'ASN sous-évalue les risques, ou bien… ferme délibérément les yeux sur ceux-ci.

La justice ne s'y est d'ailleurs pas trompée en sanctionnant la légèreté avec laquelle l'ASN avait traité à l'époque ce qu'elle qualifiait d'« incident ». C'est

1. INES : International Nuclear Event Scale : échelle internationale de classement des incidents et accidents nucléaires. Elle va de zéro (simple incident) à sept (catastrophe majeure, Tchernobyl, Fukushima).

ainsi que la cour d'appel de Nîmes a condamné, par un arrêt du 30 septembre 2012, Areva Socatri pour pollution des eaux[1]. L'explosion de Marcoule, dans une usine de traitement des déchets radioactifs exploitée par une filiale d'EDF, qui a fait un mort et quatre blessés, en septembre 2011, laisse une impression comparable. En effet, après avoir prétendu sur le moment qu'il ne s'agissait que d'un accident purement industriel sans aucun effet radioactif, l'ASN a reconnu huit jours plus tard que le four à l'origine de l'accident contenait cinq cents fois plus de radioactivité qu'on ne l'avait déclaré initialement. Pour autant, cette explosion qui a fait un mort n'a été classée que 1 sur l'échelle INES. Quant à la plainte déposée par la Commission de recherche et d'information indépendantes sur la radioactivité (CRIIRAD) contre EDF en septembre 2011, elle semble s'être perdue dans les sables...

### *Une liberté très contrôlée*

Quoi qu'il en soit, même lorsque l'Autorité de sûreté nucléaire veut montrer les dents, ses velléités sont de très courte durée. Fukushima en a donné une illustration. Ainsi, le 30 mars 2011, André-Claude Lacoste déclarait que la question du moratoire sur Flamanville se posait. Dès le lendemain, il battait en retraite indiquant que sa réponse « avait été

---

1. La cour relève que 30 m$^3$ d'effluents chargés d'uranium (74 kg) ont contaminé les eaux, soit vingt-sept fois la limite annuelle des rejets autorisée.

surinterprétée ici ou là, décalée de sa logique ». Et, quelques jours plus tard, Henri Proglio, le patron d'EDF, confirmait qu'il n'était pas question de moratoire à Flamanville. L'hypothèse d'un recadrage en haut lieu ne fait guère de doute.

De la même manière, après avoir reconnu que Fessenheim n'avait jamais fait l'objet d'une étude de risque portant sur la survenue simultanée d'un séisme et d'une inondation, ce qui pouvait poser la question du maintien du site, M. Lacoste revenait sur ses propos en validant pour une nouvelle durée de dix ans le réacteur numéro 1 de la centrale. Fessenheim a montré également que l'ASN et EDF défendent les mêmes thèses (celles d'EDF) : faire passer à soixante ans la durée de vie des centrales, retarder les adaptations des centrales de type Fukushima, minorer les incidents, etc.

### *Deux faces d'une même pièce ou deux visions de la sécurité ?*

Il est incontestable que l'Institut de radioprotection et de sûreté nucléaire, l'IRSN, et son directeur actuel, Jacques Repussard, ont fait preuve d'une certaine autonomie par rapport au lobby nucléaire, autonomie que l'ASN ne s'autorise pas. Ainsi, l'IRSN a reconnu la première qu'un accident nucléaire était possible en France et pouvait, en termes de probabilités, intervenir tous les vingt-deux ans sur la planète. Il a évalué le coût d'un accident nucléaire en France à près de 5 000 milliards d'euros toutes causes confondues, soit dix fois l'estimation réalisée par l'Autorité de sûreté nucléaire.

Par ailleurs, sa contribution au débat sur la transition énergétique met incontestablement les points sur les « i » en ce qui concerne les différents risques, et en particulier sur la nécessité de fermer au plus vite les centrales nucléaires si la décision d'en réaliser de nouvelles n'était pas prise rapidement, en raison de certaines pertes de compétence du personnel. Sur des questions plus techniques, comme celle du risque de séisme, les positions de l'IRSN ont été courageuses. Mais, chaque fois, l'organisme a été prié de se plier aux diktats du lobby puisqu'il n'est qu'un expert technique au service de l'ASN. C'est d'autant plus pratique que l'Autorité juge de la nécessité ou non de viser, c'est-à-dire de citer, dans ses décisions, les avis de l'Institut, ces derniers étant en principe confidentiels. Opacité, quand tu nous tiens...

En conclusion, l'État nucléaire, en s'appuyant sur la supposée indépendance de l'ASN, s'est créé une bonne conscience de façade, qui satisfaisait plus ou moins tout le monde. La vérité est que la priorité n'est pas à la sécurité dans le fonctionnement de l'industrie nucléaire, mais plutôt à la préservation des intérêts du système en place. L'ASN, de par son statut ambigu, semble donc, en l'absence de réforme ou d'une fusion avec l'IRSN, condamnée à jouer le rôle d'une Cassandre soumise au bon vouloir des nucléocrates, malgré de récentes et timides évolutions qu'il faut saluer.

# 6.

# Flamanville, ou le mythe du nucléaire pas cher

Réacteur vieilli avant d'être construit, l'EPR a été conçu au tout début des années quatre-vingt-dix par Cogema, depuis devenue Areva, et Siemens. Cette coproduction, qui devait être franco-allemande, nous avait été présentée à Angela Merkel et à moi-même, lorsque nous étions ministres de l'Environnement, comme un progrès considérable. Dès cette époque, je n'en n'étais pas convaincue car il ne s'agissait, et il ne s'agit toujours, que d'un réacteur nucléaire de base doté de quelques améliorations mais avec des faiblesses et des risques techniques incontestables[1]. La preuve en est qu'il a fallu attendre les années 2000 pour que le premier réacteur bâti par Areva et Siemens soit lancé, celui d'Olkiluoto 3, en Finlande. Ce chantier, démarré en 2005, devait permettre une entrée en service en 2009. En 2013, la date d'août 2014 a encore été reportée de deux ans, ce qui signifie un retard d'au moins sept ans !

---

1. Voir sur ce point mon précédent ouvrage *La Vérité sur le nucléaire, op. cit.*

Il a déjà coûté le double de ce qui était initialement prévu, ce qui devrait faire monter le coût total à plus de 8 milliards d'euros, et a conduit Areva à provisionner près de 3 milliards. En 2012, TVO, le partenaire finlandais d'Areva, a placé sous séquestre les sommes qui lui étaient dues. Un tribunal arbitral a débloqué 125 millions d'euros au bénéfice du consortium détenu à 73 % par Areva et à 27 % par Siemens. Mais par ailleurs, TVO a lancé une procédure en indemnité pour réparer le préjudice lié au retard. En effet, il doit faire appel au marché à un coût élevé pour fournir l'électricité qu'il ne produit pas. Enfin, cerise sur le gâteau, la Finlande commence à s'interroger sur le point de savoir si un jour cette centrale fonctionnera et à envisager l'indemnité à laquelle elle pourrait prétendre dans cette hypothèse. Il n'y a pas que la Finlande. Les deux EPR construits en Chine en joint-venture minoritaire accusent également un retard de treize et quinze mois. Et les Chinois semblent commencer à remettre en cause les normes de sécurité.

### *Gabegie financière en vue*

La décision de réaliser en France un EPR – cette nouvelle génération de centrales – a été prise en 2002 et soumise à un pseudo-débat public entre octobre 2005 et février 2006. En effet, le Parlement avait déjà voté la loi prévoyant la réalisation d'un EPR avant même que la consultation ne débute. C'est plus simple ainsi ! Une des raisons majeures avancées pour cette construction avait été celle de renouveler la compétence du personnel nucléaire puisque aucune centrale n'avait été construite en France depuis 1999. La suite de l'histoire montrera qu'en réalité, comme lorsqu'il s'est agi de construire Creys-Malville, l'industrie nucléaire a largement surestimé ses capacités. La décision de construire l'EPR est donc prise en avril 2007 malgré une très forte opposition et à quelques jours de l'élection présidentielle. La mise en service effective devait intervenir en 2012. À ce jour, et après de multiples reports, elle est prévue pour 2016… au mieux.

Le chantier n'a cessé, tout comme celui de la Finlande, d'être confronté à de multiples difficultés. En 2008, l'ASN ordonne, et c'est une première, la suspension des travaux de bétonnage, à la suite de la découverte de fissures liées « à la coulée d'un bloc de béton composant la plate-forme de l'îlot nucléaire ». Une fois l'incident réglé, les travaux ont repris mais ont de nouveau été suspendus à deux reprises, une centaine de failles ayant fait leur apparition. En 2011, l'ASN ordonne une nouvelle suspension, à la suite de la « répétition d'anomalies » sur l'enceinte interne du réacteur, et dénonce « un manque de compétences, de formation à la culture de sûreté des intervenants ». Ainsi que des « lacunes d'EDF dans la surveillance des sous-traitants »[1]. Des accusations gravissimes mais qui passent inaperçues. En 2012, c'est EDF elle-même qui a suspendu le bétonnage du bâtiment réacteur après avoir constaté des défauts sur les quarante-cinq boîtes métalliques qui constituent les consoles permettant ultérieure-

1. Audrey Garric, *Le Monde*, 4 décembre 2012.

ment la manipulation des combustibles à l'intérieur du réacteur. Les travaux s'arrêteront pendant un an.

C'est dans ce contexte que l'ASN a lancé une enquête sur les conditions de travail sur le chantier, où travaillent près de trois mille personnes hors EDF, pour déterminer si la société Bouygues aurait pu dissimuler près d'un quart des accidents, ce qu'elle conteste. Les syndicats dénoncent la pression qui s'exerce sur les sous-traitants, et le caractère dangereux du chantier dû à l'absence de contrôle d'EDF. Dernier épisode connu : compte tenu des dizaines de malfaçons constatées tant par l'ASN que par Socotec (quarante-cinq malfaçons), et les mises en demeure restées sans aucun effet de l'ASN, c'est le ministère du Travail, en raison des risques auxquels sont exposés les ouvriers et employés, qui a décidé, le 13 décembre 2013, d'interrompre le chantier. D'où un nouveau retard en perspective et la possibilité de ne pas mettre la centrale en service avant le 11 avril 2017, date butoir fixée par le décret d'autorisation.

Le chantier est d'autant plus problématique que, dès l'origine, des critiques très sérieuses ont été faites sur la conception même de l'EPR. Après que l'autorité de sûreté finlandaise a mis en cause la conception et exigé des modifications extrêmement importantes, ce sont les autorités de sûreté britannique et française qui réclamaient en novembre 2009, d'« améliorer la conception initiale » en raison d'un risque de défaillance du système de contrôle commande du réacteur. Mais il était déjà trop tard.

À l'origine, la centrale de Flamanville devait coûter 3,3 milliards d'euros. L'addition s'élève aujourd'hui à 9 milliards, peut-être 10 à l'achèvement du chantier... s'il est un jour achevé. C'est une somme astronomique qui a de multiples conséquences. Tout d'abord, le coût du kilowatt-heure qui sortira de la centrale de Flamanville 3 sera de l'ordre de 0,10 à 0,12 euro kW/h sans compter bien entendu la réévaluation du coût réel du nucléaire en général : démantèlement, gestion des déchets sur le long terme, assurance. Cela signifie tout simplement que le nucléaire de la troisième génération n'est plus rentable car il est plus onéreux que le coût de l'éolien et du photovoltaïque (0,10 euro aujourd'hui, mais dont le prix ne cesse de baisser). Mais qui le sait ? Qui le dit ?

Le partenaire d'EDF, l'italien Enel, a d'autre part déserté et réclame maintenant le remboursement de 610 millions d'euros, laissant EDF seule sur Flamanville. Or, sa situation financière est mauvaise, d'autant qu'un tiers des centrales nucléaires françaises sont à ce jour fermées pour cause de maintenance. Le dôme a été posé en juillet 2013, à grand renfort de publicité. Mais il n'en reste pas moins que cette succession de malfaçons, voire de défauts de conception, est gravissime s'agissant d'un réacteur nucléaire conçu pour durer soixante ans. La catastrophe de Fukushima avait pourtant très clairement posé la question des risques particuliers de l'EPR, résultant du cumul des incertitudes liées à la conception et des graves défaillances de la réalisation. Dans une déclaration en date du 31 mars 2011, André-Claude Lacoste, le président de l'ASN, avait alors émis l'hypothèse, sans conséquences, d'un moratoire sur Flamanville.

## *Le contre-exemple américain*

EDF, mais surtout le contribuable et l'usager français payent donc au prix fort la politique absurde et suicidaire d'expansion à l'international. Il est clair que si EDF n'était pas l'État français mais une société privée lambda, elle serait menacée de faillite. L'exemple américain est une illustration de cette arrogance qui a conduit EDF à vouloir investir dans le nucléaire aux États-Unis alors qu'aucune centrale n'y a été construite depuis l'accident nucléaire de Three Mile Island (TMI) qui s'est produit le 28 mars 1979 sur l'île éponyme située dans l'État de Pennsylvanie[1]. En 2012, Constellation, l'associée d'EDF, a renoncé à la construction d'une centrale nucléaire EPR dans l'État du Maryland, pour des raisons purement financières[2]. Le projet a donc été abandonné mais cette aventure américaine démontre qu'il ne peut y avoir de nucléaire sans aides d'État et que lorsque la stricte réalité économique est prise en compte, le projet n'a plus de rentabilité. EDF n'a pas continué puisqu'il n'avait plus de partenaire, aucune

1. À la suite d'une chaine d'événements accidentels, le cœur du réacteur n° 2 de la centrale a en partie fondu, entraînant le relâchement dans l'environnement d'une faible quantité de radioactivité. Ce premier grave accident rendu public a été classé 4 sur 7 sur l'échelle INES.

2. En effet, une caution de l'État américain à hauteur de 7,5 milliards de dollars était indispensable ; elle a été obtenue, mais elle coûtait à l'entreprise 880 millions de dollars. Constellation a considéré que cette charge la mettrait en péril et avait donc proposé de réduire de 50 à 25 % sa part dans le projet.

assurance sur le prix de vente de son électricité et une rentabilité plus qu'incertaine, voire improbable.

Résultat des courses : 6 milliards de dollars investis en pure perte et une addition dont le décompte définitif n'est pas encore connu. EDF avait en effet impudemment accepté, en 2008, de racheter à un prix fixe de 2 milliards de dollars les centrales thermiques de Constellation si elle en faisait la demande ! Sauf que la valeur de ces centrales s'est réduite de 50 %, d'où un risque de perte sèche de plusieurs milliards d'euros. De plus, depuis 2008, année de rachat par EDF de 49,9 % des actifs nucléaires de Constellation, l'action a perdu 40 % de sa valeur. En définitive, après que Constellation Energy a fusionné avec Exelon, ouvrant une participation de 1,6 % dans le capital de cette société, la vente s'est faite au prix de 470 millions de dollars, signant ainsi le désengagement d'EDF dans le nucléaire aux États-Unis.

Cette histoire comporte plusieurs leçons très intéressantes. D'une part, le nucléaire n'est pas rentable aux États-Unis, ce qu'a finalement reconnu de mauvaise grâce le patron d'EDF, Henri Proglio. Pourquoi le serait-il davantage en France ? Tout simplement parce que l'État subventionne et que l'exploitant n'encourt quasiment aucune responsabilité financière. Autrement dit, le choix nucléaire n'est pas un choix économique et financier, contrairement à la propagande officielle. C'est un choix politique.

EDF a perdu d'autre part plusieurs milliards de dollars aux États-Unis dans une stratégie qui était vouée dès le départ à l'échec. C'est doublement inacceptable. En effet, le financement de cette aventure particulièrement onéreuse s'est fait sur le dos des usagers et des contribuables français : la rente nucléaire, au lieu d'être utilisée pour améliorer la sécurité des centrales existantes et investie dans les énergies renouvelables (ce qui aurait dû être le choix d'EDF), a été dilapidée dans cette aventure catastrophique. Enfin, comment les gouvernements français successifs ont-ils pu valider une telle stratégie alors même que l'État possède plus de 80 % du capital d'EDF ?

## *L'ultime rempart*

La vérité c'est que la catastrophe financière que représente l'EPR ne s'arrête ni à Flamanville ni aux États-Unis. Qui va assumer la différence entre le prix de revient et le coût de l'EPR construit par Areva en Finlande (9 milliards d'euros) et des deux EPR construits en Chine à moitié prix ? Le contribuable, mais aussi le malheureux usager auquel la propagande cherche à faire croire que la hausse du prix de l'électricité serait due aux énergies renouvelables. Or le coût de celles-ci est de moins de 5 % de la facture acquittée par un ménage français. C'est bien le nucléaire qui est à l'origine de cette hausse[1]. Non seulement pour des raisons politiques tenant à la volonté de faire accepter le nucléaire en France et pour vendre bon marché l'électricité française en Europe. Mais encore et surtout du fait du détournement de la rente nucléaire vers des finance-

1. Le rapport de la Cour des comptes de mai 2014 évalue à 27 % la hausse du coût du nucléaire en trois ans.

ments scabreux qui malheureusement ne s'achèvent pas avec l'aventure américaine.

Le projet anglais de construction de deux EPR – avec un prix de rachat minimum de 10,9 centimes d'euro le kW/h – risque ainsi de se transformer en coup de Trafalgar. En effet, non seulement le partenaire d'EDF, Centrica, s'est retiré en raison de la hausse des coûts et des retards accumulés et a été remplacé par un investisseur chinois, mais la question se pose de savoir quel accès à sa technologie EDF a consenti pour retomber sur ses pieds. Les Chinois auraient obtenu qu'une partie des composants soit fournie par leurs sous-traitants et qu'ils puissent exploiter une des deux centrales, prélude à une expansion commerciale sans précédent pour eux. De plus, sujet aussi sensible que confidentiel, le coût du démantèlement de Sellafield, qui incombe pour partie à EDF comme exploitant nucléaire en Grande-Bretagne, est encore très incertain mais viendra bien entendu impacter un peu plus le bilan financier global de l'opération.

En second lieu, un projet d'enfouissement des déchets radioactifs dans le comté de Cumbrie a été refusé. Or, dans la législation britannique, la solution pour les déchets est un préalable à la délivrance de l'autorisation de construction d'un réacteur. Mais EDF a déjà investi 9 milliards d'euros en Grande-Bretagne pour réaliser ces EPR. Il a donc obtenu de l'État britannique non seulement qu'il garantisse à hauteur de 65 % l'emprunt nécessaire à la réalisation des deux réacteurs (soit 18 milliards d'euros, autrement dit 9 milliards par EPR), mais surtout un prix garanti sur trente-cinq ans de près de 0,11 euro le kilowatt-heure. C'est très cher, et un certain nombre d'associations britanniques contestent de manière très vigoureuse ce coût. De plus, il s'agit d'une aide d'État déguisée, de telle sorte que le principe de cet accord est soumis à la Commission européenne. Or, grâce à l'Allemagne, la Commission a rejeté en octobre 2013 le principe d'assimiler le nucléaire aux énergies renouvelables avec les avantages qui peuvent exister pour favoriser cette énergie. La bataille sera rude et il va de soi que, faute de garanties d'un prix d'achat très élevé, l'EPR ne pourrait être construit en Grande-Bretagne. En attestent les longues négociations entre EDF et le gouvernement britannique pour arriver à une solution qui rende l'investissement financièrement acceptable pour la société.

La même conséquence doit être tirée pour la France. Si, pour être rentable, l'EPR doit bénéficier d'un tarif garanti de 0,11 euro, soit 110 euros le mégawatt-heure, comment concilier ce facteur avec le prix de 42 euros du nucléaire retenu aujourd'hui par la Commission de régulation de l'électricité ? Il s'agit quasiment d'un triplement du prix de l'électricité !

Ainsi, l'EPR rime avec catastrophe financière. D'ailleurs, contrairement à la propagande régulièrement débitée dans certains médias complaisants, aucun EPR n'est vendu à l'étranger. Aucun. La Grande-Bretagne ne peut évidemment pas être comptabilisée dans les ventes à l'étranger puisque c'est EDF qui construit via une société anglaise qu'elle a rachetée. Malgré les efforts conjugués d'Areva et d'EDF, aucun pays dans le monde n'est aujourd'hui assez fou pour réclamer une centrale prétendument hypersécurisée alors même que son promoteur n'est pas en capacité d'achever le prototype et que le coût en est totalement déraisonnable.

Mais peu importe, le déni a la vie dure : pour notre État nucléaire, l'EPR est le réacteur le plus performant qui soit !

# 7.

# ATMEA, ou le déni du fiasco (commercial)

Contrairement aux idées reçues, le nucléaire ne se porte pas si mal, puisque soixante-cinq réacteurs sont actuellement en cours de construction sur la planète, dans quinze pays. La Chine avec vingt-sept réacteurs, la Russie avec onze, la Corée du Sud et l'Inde avec cinq chacun, sont les pays les plus offensifs. Certes, ce chiffre doit être relativisé car certains d'entre eux sont en construction depuis vingt ou trente ans. Et la France ? Domine-t-elle ce marché comme on nous le répète ? Pas du tout. En fait, Areva n'a vendu aucun EPR depuis 2007, et a même perdu le contrat des Émirats arabes unis (fin 2009), des États-Unis (août 2012), et de la République tchèque (novembre 2012).

Pourtant, les Français restent convaincus qu'ils sont les leaders mondiaux du nucléaire ! C'était vrai, mais cela ne l'est plus. À titre d'exemple, le journal *Asahi Shimbun,* l'équivalent du *Monde* au Japon, a publié, le 11 août 2013, un dossier sur le démantèlement dans lequel sont cités, comme spécialistes, les Anglais et les Allemands, mais de Français : point.

Alors que chaque voyage ou presque d'un président de la République s'assortit d'un projet de vente de centrale nucléaire, il ne se concrétise jamais. On est dans le domaine de la communication pure car personne dans le monde ne veut acheter à 10 milliards l'unité un réacteur dont la fiabilité paraît plus qu'incertaine et le calendrier intenable, si l'on excepte les deux réacteurs bâtis à Taishan en Chine. Fidèle à la méthode Coué, Areva continue de prétendre vendre dix réacteurs EPR d'ici à 2016 : c'est du domaine du rêve. S'il est question de marchés potentiels en Inde et en Chine, en Arabie saoudite ou en Afrique du Sud, rien ne permet de penser qu'il y aura la moindre concrétisation. En Jordanie par exemple, c'est Tractebel, c'est-à-dire GDF Suez, qui a été retenu face à Areva. Comment est-on passé d'un réel leadership à un fiasco commercial qui devient chaque jour plus patent ? C'est une histoire riche en péripéties.

Depuis 2007, Areva porte avec le japonais Mitsubishi un projet de nouveau réacteur : il est connu sous l'acronyme d'ATMEA. Celui-ci présente un avantage majeur : il peut résister au risque sismique. Le Japon l'aurait choisi comme acteur stratégique de l'exportation. Sauf qu'EDF refuse de l'exploiter si un client se présentait pour l'acheter. De plus, il semblerait qu'Areva ne se soit pas suffisamment impliquée dans ce dossier, en particulier en Turquie[1]. En définitive, il semblerait que le projet en Turquie puisse être attribué aux Japonais en par-

1. « *Sans arrêt, les Japonais devaient relancer leurs partenaires. À cause de ça, le projet a pris du retard. Après quoi les Japonais ont soupçonné les Français d'avoir diffusé aux Chinois des informations sur l'ATMEA* », *L'Express*, 4 décembre 2013.

tenariat avec Suez. En effet, dans la mesure où il n'est pas possible d'envisager de construire et diriger une centrale nucléaire sans intervention de l'État, en Turquie, 30 % du projet serait financé en cash et le reste en emprunt. Et c'est le Japon qui fournirait la garantie publique. Tout ceci est au conditionnel dans la mesure où tant que l'accord définitif n'est pas signé, et l'opacité étant la règle, rien n'est sûr.

Quant à EDF, il privilégie la Chine. Un contrat secret aurait été passé en 2010 avec la China Guangdong Nuclear Power Holding Corporation (CGNPC), en matière de coopération nucléaire. Ce projet a été inscrit au début de l'année 2012 par l'Agence des participations de l'État[1]. EDF aurait poursuivi les négociations pour mettre au point un concurrent… au réacteur d'Areva. Les bagarres franco-françaises continuent. Compte tenu de son éloignement du marché chinois, EDF a failli procéder à des transferts de technologie considérables, voire abandonner la propriété intellectuelle sur le cœur du réacteur, et permettre à ses interlocuteurs chinois de bénéficier des retours d'expérience des réacteurs français. Certains commentateurs pensent même qu'EDF aurait été disposé à ouvrir le marché français du renouvellement des pièces dans nos centrales nucléaires à son contractant chinois. Il n'en reste pas moins que cet accord reste secret et qu'une salariée syndicaliste CFDT d'Areva qui avait demandé la production de ce texte, menaçant de saisir la justice pour l'obtenir, a été agressée et

1. Selon *Le Nouvel Observateur* (30 décembre 2012).

menacée en décembre 2012 à son domicile. Pour l'instant le dossier est enlisé.

EDF paraît donc prête à consentir n'importe quel avantage pour pouvoir vendre un réacteur à la Chine ou, a minima, rester dans la course. Mais le risque est très grand d'avoir vendu la proie pour l'ombre. Ces difficultés commerciales françaises sont d'autant plus préoccupantes que la politique d'EDF a coûté très cher : 15 milliards d'euros pour acheter British Energy, 5 milliards d'euros pour Constellation, et pas de réel projet de contrat, même en Chine où pourtant les deux réacteurs ont été construits à un prix bradé de 3,5 milliards d'euros la paire ! Et les agences de notation sont, elles-mêmes, très dubitatives. De plus, le fait que les États financent désormais directement leurs grandes entreprises nucléaires à l'export n'est pas à notre avantage, nos caisses étant vides et nos projets de vente sans cesse repoussés, ou annulés.

Cette situation est d'autant plus catastrophique qu'il n'y a plus que le lobby nucléaire français pour croire à un avenir radieux. Non seulement, plus de soixante réacteurs ont cessé de produire en 2011, entraînant une forte baisse de la production, mais la chute a été encore plus forte en 2012. En vérité, le déclin avait commencé dès 2006, et le nucléaire, qui représentait 17 % de l'électricité en 2000, n'en représente pas plus de 10 % en 2012. Sa part est équivalente à ce qu'elle était en 1986... En 2012, pour la première fois, la production d'électricité émanant des énergies renouvelables a dépassé celle du nucléaire, et ce à l'échelle planétaire.

C'est sans doute pour cette raison qu'EDF investit massivement aux États-Unis et dans de nombreux pays sur les énergies renouvelables. Mais, en France, la ligne stratégique reste la même : le nucléaire ou la bougie !

# 8.

# Le 3 x 20, ou le mythe énergétique

Au cœur de l'État nucléaire il y a une question décisive : y a-t-il un avenir hors du nucléaire ? Voté en 2008 par la Commission européenne, le paquet climat énergie, dit 3 × 20, contraint les États membres de l'Union à parvenir en 2020 à 20 % d'énergies renouvelables, 20 % d'efficacité énergétique[1] et 20 % de réduction d'émissions de gaz à effet de serre, par rapport à 1990. L'engagement pris par la France est un peu supérieur, puisqu'il est de 23 % d'énergies renouvelables en 2020.

Cela peut paraître ambitieux voire exemplaire, mais, dès le départ, tout ou presque a été fait pour ne pas atteindre cet objectif. Pourquoi ? Tout simplement parce que le lobby des nucléocrates est opposé au développement des énergies renouvelables. EDF a de plus en plus de mal à vendre son courant à l'extérieur sur le marché de gros européen, et l'électricité verte (renouvelable) allemande est parfois vendue à un prix

1. L'efficacité énergétique consiste à obtenir avec le même kW/h davantage de service. Notion thermodynamique et économique, elle est proche de celle d'économie d'énergies.

négatif tant elle est abondante par période. Il est donc indispensable que les ménages français et l'industrie dans son ensemble restent totalement dépendants des centrales. D'où la destruction organisée de l'embryon de filière photovoltaïque, et la chasse à l'installation d'une industrie du renouvelable française.

En 2012, la France atteignait péniblement l'objectif de 15 % alors que la moyenne européenne était de 22 %. Nous sommes très mauvais et choisissons délibérément de le rester. La Commission européenne estime qu'en dehors de l'Estonie, qui a déjà atteint son objectif, les pays scandinaves, l'Espagne, la République tchèque et l'Allemagne devraient eux aussi y parvenir. En revanche, d'autres en sont loin, dont la France. La Cour des comptes a elle-même rendu très récemment un rapport constatant que l'objectif pour 2020[1] était quasiment impossible à atteindre, d'autant que les efforts à faire entre 2013 et 2020 sont infiniment plus importants que ceux qui ont été consentis entre 2007 et 2013[2]. Autrement dit, l'objectif des nucléocrates de faire capoter les énergies renouvelables a été atteint au-delà de leurs espérances.

Par exemple, les défenseurs du tout-nucléaire ont tôt fait de critiquer l'éolien terrestre, dont il convient de rappeler qu'en Allemagne, il est devenu parfaite-

1. L'objectif était que les énergies renouvelables représentent environ vingt-deux GW, soit une vingtaine de réacteurs nucléaires en 2020, soit la construction de vingt et un GW de centrales éoliennes, de dix GW d'unités de biomasse et du développement du photovoltaïque.

2. L'effort à consentir tant pour la chaleur que pour l'électricité est de l'ordre de six à sept fois ce qui a été dépensé. D'où un coût extrêmement élevé pour le solaire.

ment compétitif avec l'électricité conventionnelle. En France, le prix du kilowattheure éolien se rapproche tant du prix du kilowattheure nucléaire que même la Cour des comptes reconnaît son caractère rentable et compétitif ! Et cet argument sert aujourd'hui aux défenseurs du nucléaire pour réclamer la suppression de tarifs d'achat préférentiel pour l'éolien, au motif que cette filière est parfaitement compétitive.

Pourtant, ce ne sont pas les discours en faveur du renouvelable qui manquent. La communication triomphante sur le thème de l'excellence environnementale française n'a pas été oubliée… surtout du temps du Grenelle de l'environnement[1]. Mais, dans aucune politique publique, le divorce entre les actes et les paroles n'a été si flagrant. La France persiste dans son entêtement contre le reste du monde puisqu'en 2015, les énergies renouvelables seront la deuxième source de production d'électricité mondiale, représentant en gros la moitié de la part du charbon, et, en 2035, elles ne seront pas loin de détrôner ce dernier comme première source mondiale d'électricité. Enfin, de toutes, c'est l'énergie solaire qui connaît la croissance la plus forte.

Le lobby se devait donc d'organiser la résistance. Tout d'abord, il l'a fait sous une forme associative chargée d'attaquer systématiquement tous les permis de construire éoliens au motif que les éoliennes défigurent le paysage[2]. Comme si les centrales nucléaires et les lignes haute tension étaient de toute beauté ! Ensuite, le lobby nucléaire a obtenu du gouverne-

1. Et cela va recommencer avec la loi sur la transition énergétique.
2. Voir chapitre 17 p. 199.

ment, dans une incohérence totale avec les objectifs affichés par la loi Grenelle I de 2009, une réglementation rendant aussi difficile l'installation d'un champ d'éoliennes que d'une usine Seveso ! La durée pour mettre en place des éoliennes atteint des records (sept ans) alors qu'il faut quelques mois seulement en Allemagne. L'opposition, notamment de l'ex-président Valéry Giscard d'Estaing, a continué avec les invectives contre le business « vert » comme s'il n'existait pas de business « nucléaire »...

Avec le photovoltaïque, les choses ont été pires encore. Le lobby nucléaire a fait en sorte qu'aucune industrie française robuste ne se développe pour produire des panneaux solaires, d'où un nombre d'installateurs très restreint. Il n'en demeure pas moins que le lancement du photovoltaïque en 2009 a formidablement réussi même si l'industrie française était quasiment absente du jeu.

Malgré cette mauvaise volonté affichée, la France pouvait atteindre en 2012 les objectifs prévus pour 2020. C'est pour cela que le gouvernement Fillon a décidé, après deux baisses consécutives du prix de rachat en 2010, d'un moratoire à l'été 2011, laissant juste le temps à EDF Energies nouvelles de déposer opportunément, avant le moratoire, tous ses dossiers de demandes d'autorisation. Bien entendu, les PME ont été prises de court. Cette forme de délit d'initié a mis trois ans pour aboutir enfin à une condamnation d'EDF Energies nouvelles par le Conseil de la concurrence. Mais peu importe : le but était atteint. Ce moratoire signait la mort provisoire des projets. Les PME qui s'étaient développées sur le secteur ont vu brutalement leur carnet de commandes chuter puis s'éteindre. Résultat : perte de plus de dix mille emplois, dont visiblement le gouvernement n'avait rien à faire.

Deuxième résultat : une stagnation pendant plusieurs années du développement du solaire qui n'a repris très modestement qu'à partir de 2013 et dans des conditions financières extrêmement coûteuses pour la collectivité[1]. Aujourd'hui, alors que le prix du photovoltaïque en Allemagne descend en dessous des 0,10 euro en raison du dumping chinois qui a baissé considérablement le prix de revient de cette énergie et que les start-up ont commencé à proposer du photovoltaïque de la deuxième génération, EDF rachète systématiquement toutes les entreprises françaises, histoire d'être sûr que rien de sérieux ne puisse se développer en France.

L'éolien off-shore a lui aussi fait l'objet de quelques projets, pour environ la moitié de ce qui était prévu dans la loi Grenelle I. Mais, dans la mesure où Areva est le grand bénéficiaire des appels d'offres, juste avant GDF Suez, les projets ont, pour une fois, été menés à bien et les contestations habituelles émanant des défenseurs du paysage et des pêcheurs n'ont, exceptionnellement, pas eu droit de cité. Quoi qu'il en soit, cet élan vertueux, pour de mauvaises raisons, n'empêche pas la France, qui possède la deuxième façade maritime du monde[2], d'accuser aujourd'hui

1. Voir sur ce point le rapport de la Cour des comptes de 2013.

2. Avec 11 millions de km$^2$, des milliers de kilomètres de côtes, la France représente à elle seule 10 % de la biodiversité de la planète et 20 % des atolls grâce à l'outre-mer.

un retard de dix ans dans les éoliennes off-shore : éoliennes flottantes, hydroliennes, usines marémotrices, utilisation de la houle, etc.

Quant à la biomasse, sa prise en compte est récente. Il n'a commencé à être sérieusement question de méthanisation[1] qu'en 2013 pour le monde agricole, ce qui est absurde à la fois sur le plan financier (car l'électricité est un revenu annexe important pour les agriculteurs) et environnemental (car il permet d'utiliser les déchets). Au-delà, construire un méthaniseur est aussi difficile que construire une éolienne. Mais, sur ce coup, le lobby nucléaire est puissamment aidé par celui des déchets, totalement opposé au développement de cette technique qui prive les incinérateurs aussi polluants que rémunérateurs et les décharges d'une partie de leurs matières premières. Cependant, une fois encore, quand on voit le succès allemand à cet égard, on ne peut que rester béat devant l'absurdité de la politique française.

Comme si cela ne suffisait pas, le raccordement des sources de production renouvelable est un casse-tête. Il est payant pour le renouvelable, mais gratuit pour le réseau classique, et ERDF, filiale à 100 % d'EDF, met la plus mauvaise volonté à l'assurer. Ainsi, moins de 500 mégawatts d'éolien terrestre ont été raccordés au réseau sur les neuf premiers mois de 2012[2]. Au

1. La méthanisation est un procédé qui consiste à récupérer le méthane dans les déchets organiques. La technologie est basée sur la dégradation par des micro-organismes de la matière organique, en conditions contrôlées et en l'absence d'oxygène.

2. En 2011, le parc éolien avait progressé de 875 mégawatts (MW), atteignant ainsi 6 640 MW raccordés. Ces chiffres montraient déjà une tendance à la baisse puisqu'en 2010, 1 200 MW avaient été

31 décembre 2012, près de 1 500 mégawatts étaient encore en attente de raccordement, dont 10 % depuis près d'un an ! Et la situation s'est encore aggravée en 2013 où les raccordements ont baissé de 42 %. La situation du photovoltaïque est identique. La mauvaise volonté manifestée par ERDF, jointe à des tarifs prohibitifs, rend très difficile le développement des énergies renouvelables, alors même que celles-ci restent indispensables et au cœur de la politique énergétique européenne.

D'ailleurs, le paradoxe est là : le lancement, en mars 2013, du prochain paquet énergie-climat pour 2030 a prévu d'augmenter progressivement la part de ces nouvelles énergies. La France s'y oppose désormais, soutenue par la Grande-Bretagne, et pour la même mauvaise raison : ne plus s'occuper que des émissions de $CO_2$ permet d'assimiler le nucléaire à ces énergies comme moyen de lutter contre le changement climatique. Heureusement, le Parlement européen s'y est opposé ainsi que le Conseil, et la Commission, même si elle n'a pas encore tranché, ne paraît pas être sur cette ligne.

Alors, la France a-t-elle raison de s'obstiner ? D'autres ont fait un choix différent. En Allemagne, en 2012, la capacité de production électrique d'énergie renouvelable atteignait 76 gigawatts, plus que la capacité française nucléaire (63,1 gigawatts), c'est-à-

raccordés. « *Cela représente une chute très préoccupante de 30 % des MW annuellement raccordés* », souligne le Syndicat des énergies renouvelables (SER). Or, le rythme de développement de l'éolien terrestre devrait atteindre 1 350 MW par an pour atteindre l'objectif de 19 000 MW en 2020.

dire 23 % de la production allemande contre 3 % en 1991 et avec un objectif de 45 % d'ici à 2035 ! Aux États-Unis, si la production de gaz a considérablement augmenté, l'éolien représente aujourd'hui plus de 60 gigawatts-heure et, dans le premier trimestre 2013, les énergies renouvelables représentaient 84 % de toute la capacité électrique, dont la moitié de photovoltaïque. Le coût de revient du kilowattheure nucléaire est désormais le double du kilowattheure solaire dans le sud des États-Unis sans subventions, et le triple en prenant en compte l'aide apportée par le gouvernement des États-Unis à ce secteur d'avenir. Et que dire de la Chine qui, en 2012, a installé 40 % des éoliennes mondiales, ou de la Corée du Sud qui consacre 2 % de son PIB aux industries vertes ? Comment continuer, face à ces chiffres, à prétendre qu'il ne s'agit que d'une énergie accessoire ?

Bref, à cause du nucléaire, la France reste figée dans le XX^e^ siècle. En va-t-il autrement pour l'efficacité énergétique ? Là encore, la loi Grenelle I est extrêmement ambitieuse quant aux objectifs à atteindre dans les bâtiments nouveaux et anciens. Il s'agit de rattraper un retard colossal par rapport à nos voisins suisses, autrichiens, allemands et d'Europe du Nord.

La vraie difficulté n'est pas pour les constructions neuves, mais pour la rénovation du parc qui représente aujourd'hui 44 % de la consommation énergétique finale, et 21 % de nos émissions de gaz à effet de serre. Le plan lancé en juin 2012 pour mettre en œuvre les objectifs du Grenelle dans le secteur du bâtiment a formulé dix propositions parmi lesquelles la reconnaissance de la « valeur verte », c'est-à-dire de la plus-value grâce à des performances énergétiques et environnementales élevées. Mais le vrai souci est celui du financement, et l'idée d'un tiers financeur permettant aux économies d'énergie réalisées de rembourser progressivement l'investissement initial effectué par le tiers. Espérons que les mesures concrètes annoncées par le Président lors de la conférence environnementale de septembre 2013 permettront enfin d'entrer dans le concret. L'exemple allemand pourrait montrer, ici encore, la voie[1].

En effet, en Allemagne, c'est une révolution qui a commencé : à l'aide de la capacité de stockage de l'électricité, des systèmes intelligents permettent de gérer la consommation des particuliers grâce à des compteurs qui mettent en place une automatisation basée sur la demande. En clair, dans le nord de l'Allemagne, des régies municipales ont développé des programmes d'autogestion qui permettent aux clients de choisir à tout moment de la journée la source et les conditions de la fourniture d'électricité[2].

En France, nous résistons malheureusement à tous ces systèmes que le lobby préfère censurer. Les compteurs intelligents ne doivent l'être qu'au bénéfice d'EDF. Le scandale du compteur Linky en est une parfaite illustration. Ce projet avait été présenté par le ministre Éric Besson et devait être mis en place dans trente-cinq millions de foyers pour 2012. L'asso-

1. Sur ce volet, l'avant-projet de loi sur la transition énergétique contient un certain nombre de points positifs.

2. *Le Moniteur*, 7 mars 2013.

ciation UFC Que choisir avait vivement critiqué des essais non concluants, de nombreuses défaillances techniques, l'absence d'évaluation de l'impact sur la maîtrise de la demande énergétique[1] et surtout le fait que ce compteur n'avait été conçu que pour permettre à EDF de mieux maîtriser les phénomènes de crête[2]. Enfin, l'association avait démontré que ce compteur n'avait rien de gratuit puisque le coût en serait reporté sur le tarif d'utilisation du réseau public d'électricité, ce qui pourrait coûter jusqu'à 300 euros par compteur. On pensait donc le projet enterré. Pas du tout ! EDF a trouvé le moyen de recycler cette lubie dans le cadre des projets d'investissements d'avenir. Pour 5 milliards d'euros, trois millions de compteurs devraient être installés (soit un dixième de l'objectif initial). Mais l'objectif principal, et avoué, est de faire réaliser des économies à ERDF, qui pourrait ainsi intervenir à distance.

Il n'en demeure pas moins que toutes les critiques restent parfaitement valables, qu'il s'agisse de l'absence d'intérêt pour le consommateur, de la surveillance à domicile des usagers grâce à ce compteur, et de l'absence totale d'évaluation de l'intérêt global pour la diminution de la demande électrique. La vraie solution vient évidemment de l'autonomie énergétique, de l'autoconsommation qui permet à

1. Le compteur ne permet pas aux consommateurs de connaître leur consommation d'énergie en temps réel et donc de la piloter comme ils l'entendent.

2. Il s'agit des moments où la demande connaît un pic, notamment lors de grands froids en hiver, à cause, essentiellement, du chauffage électrique massivement développé.

chacun d'adapter sa production et sa consommation électrique et énergétique. Mais, il n'est pas question en France de sortir du modèle jacobin, de permettre aux collectivités locales de passer au système de la régie si elles le souhaitent et aux entreprises de disposer de leur autonomie énergétique.

Le lobby a gagné, et nos dirigeants ont décidé de renier nos engagements communautaires tout en affirmant, avec la mauvaise foi qui les caractérise, leur attachement à la transition énergétique et, bien sûr, à l'excellence environnementale.

# 9.

# Le futur confisqué, ou le déni démocratique

Nucléaire rime avec totalitaire, comme la manière dont les dirigeants laissent filtrer le minimum d'informations, en continuant d'entretenir l'illusion d'une machine bien huilée et profitable à tous. L'équation est très simple et n'a jamais cessé de se démentir. Les ouvrages qui traitent du secret nucléaire, depuis son origine militaire jusqu'à aujourd'hui, sont légion. On peut comprendre que certaines faiblesses ou fragilités du système ne soient pas mises sur la place publique, mais ce n'est pas de cela dont il s'agit. Il s'agit de la capacité qu'a l'État nucléaire à éviter, depuis toujours, tout débat de fond. Et bien sûr, toute idée de référendum sur le sujet du nucléaire. François Mitterrand s'y était engagé en 1981 et ne l'a jamais réalisé. Le Grenelle de l'environnement ? Il a d'emblée exclu le nucléaire du débat, et celui sur la transition énergétique est largement un échec. Il a duré de longs mois, mobilisé de nombreux acteurs mais n'a eu aucune résonance populaire et n'a pas vraiment permis la comparaison de scénarios solides.

Pour comprendre cette emprise, un chiffre suffit : le débat autour du mariage pour tous a fait l'objet d'un traitement médiatique vingt-huit fois supérieur à celui sur la transition énergétique ! Ce dernier était pourtant essentiel pour déterminer comment nous pouvions parvenir aux engagements internationaux pris pour 2050, à savoir réduire de 80 % nos émissions de gaz à effet de serre. Il était essentiel aussi pour savoir si nos concitoyens souhaitaient un renouvellement du parc électronucléaire après l'arrêt des centrales actuelles ou, au contraire, s'ils souhaitaient une sortie, à l'horizon 2030-2035, du nucléaire. Si les Français sont en majorité favorables à la production actuelle d'énergie nucléaire[1], ils sont dans le même temps opposés à la réalisation de nouvelles centrales[2].

Mais, pour le lobby en place, EDF en particulier, la question ne se pose pas. En effet, avec la confirmation d'Astrid[3] obtenue du gouvernement avant même le lancement du débat national sur la transition énergétique, et le financement pharaonique et inutile, à l'horizon 2050, de l'International Thermonuclear Experimental Reactor (Iter), un réacteur de la qua-

1. 67 % selon un sondage BVA de septembre 2013.

2. 53 % selon le même sondage, publié par *Le Parisien.* Mais, selon un sondage TNS Sofres de juin 2014 rendu public par la Commission nationale du débat public, 85 % des Français considèrent qu'ils ne sont pas associés au choix nucléaire et énergétique.

3. Il s'agit d'un projet de réacteur de la quatrième génération sur le modèle de Superphénix. Astrid (Advanced Sodium Technological Reactor for Industrial Demonstration) est un projet de prototype de réacteur rapide refroidi au sodium, porté par le Commissariat à l'énergie atomique et aux énergies alternatives (CEA) sur le site nucléaire de Marcoule. Il fait suite aux réacteurs expérimentaux Rapsodie, Phénix et Superphénix.

trième génération conçu sur le modèle de Superphénix, le lobby espérait recommencer ce qui a été fait en 1973, à savoir imposer sans débat démocratique un nouveau programme nucléaire pour au moins un demi-siècle.

Le premier objectif était donc d'éviter un débat à l'échelle nationale. Cet objectif a été pleinement atteint puisque l'immense majorité des Français n'en a pas entendu parler. Tout d'abord, qu'il s'agisse d'EDF ou d'Areva, l'un comme l'autre ont refusé de publier leurs propres « scénarios ». Or, personne ne peut penser un instant, avec les sommes investies dans ces organismes en termes de recherche, et les milliers de consultants dont il dispose, qu'EDF ne dispose pas d'une série de scénarios parant à toutes les situations, y compris celles impliquant des catastrophes atomiques.

L'État nucléaire était en fait représenté par l'association Sauvons le climat, avec une contribution sous le titre « Négatep ». Dans ce scénario, où les émissions de gaz à effet de serre sont divisées par quatre en 2050, la production d'électricité augmente de 50 %, le nucléaire de 45 % et la production d'énergie renouvelable est seulement triplée, ce qui est très faible. L'éolien n'augmente pratiquement pas par rapport aux engagements du Grenelle de l'environnement et le solaire est cantonné à une très petite part. Le chauffage électrique continue à être encouragé.

Sauf que ce scénario repose sur la mise en service de deux ou trois centrales nucléaires en plus de Flamanville d'ici à 2020 (ce qui paraît plus qu'improbable), puis le remplacement progressif des centrales mises à l'arrêt, après une durée de vie portée à soixante ans. Le coût est évalué à la bagatelle de 810 milliards d'euros[1]. L'avantage est politique pour EDF. Officiellement, EDF ne s'oppose donc pas au président Hollande, même si la ficelle est un peu grosse, et il parvient à créer une controverse au sein des groupes de travail autour du débat national sur la transition énergétique. L'association Sauvons le climat peut prétendre que les scénarios, finalement assez convergents, de l'Agence de l'environnement et de la maîtrise de l'énergie (l'Ademe) et de l'association antinucléaire négaWatt, sont des scénarios de décroissance. C'est faux. Ces scénarios permettent d'assurer le décrochage entre croissance du PIB et croissance énergétique, mais assurent une croissance de la production énergétique. En revanche, le scénario Négatep est le seul à assurer précisément l'augmentation de la consommation énergétique. Un contresens parfait !

L'autre outil utilisé par EDF pour empêcher un vrai débat a été de refuser de discuter du coût du nucléaire futur, issu de Flamanville, pour empêcher la création d'un consensus. Alors que les évaluations varient entre 100 et 120 euros le mégawatt-heure[2], EDF a maintenu un prix de 60 euros, ce qui n'a aucun sens[3]. Le prix demandé par EDF en Angleterre

---

1. Claude Acket et Pierre Bacher, *Négatep 2012 : réduire les rejets de gaz carbonique. Oui, mais à quel coût ?*, sauvons le climat.org

2. On rappellera que la Cour des comptes, alors que le coût de Flamanville n'était encore que de 5,8 milliards, avait chiffré le prix à la sortie de Flamanville autour de 90 euros.

3. Voir chapitre 6 p. 86.

est de 120 euros[1]. En conséquence, les conclusions du débat ont été celles d'un désaccord sur le prix futur du nucléaire entre 60 et 120 euros, c'est-à-dire du simple au double ! La comparaison avec le coût des autres énergies, renouvelables en particulier, a été occultée : c'était le but.

Le déni démocratique est donc total, l'objectif étant d'empêcher la société française de choisir si elle souhaite continuer ou non l'aventure. Or, l'État nucléaire avait déjà décidé et obtenu ce qu'il voulait : poursuite de Flamanville, lancement d'Astrid, poursuite du financement d'Iter. Reste à obtenir une durée de vie de soixante ans des centrales, ce qui signifie à coup sûr prendre le risque d'un accident nucléaire et parier sur le changement de président de la République en 2017. Visiblement, EDF a été entendue puisque, après le débat, le gouvernement a annoncé son intention de prolonger à cinquante ans la durée de vie des centrales contre des travaux et une soulte à payer au budget de l'État.

Mais pour autant, il s'agit là d'une stratégie de court terme. Selon le rapport de la Cour des comptes de 2012, compte tenu du vieillissement du parc, la poursuite du nucléaire devrait conduire à la réalisation de onze EPR d'ici à 2025. Or c'est impensable, ne serait-ce qu'en raison du coût astronomique que cela entraînerait. Quoi qu'il en soit, il est clair

1. EDF a réclamé, pour se voir garantir un prix en Grande-Bretagne, la prise en compte des coûts autour de 120 euros le mégawatt-heure avec un coût de 8,5 milliards de livres pour la construction, une rémunération du capital à 10 % et sept mille heures de fonctionnement.

qu'il faudra décider dans les années qui viennent de construire ou non de nouveaux réacteurs. Du reste, le délégué général du CEA vient d'évoquer la construction de trente-cinq nouveaux réacteurs au rythme de un par an[1]. Mais tout en réaffirmant l'objectif de 50 % de nucléaire en 2025, il sous-entend la construction de 57,7 gigawatts de capacités d'électricité nucléaire, soit pratiquement autant que le parc actuel (63,1 gigawatts)... et il maintient une durée de vie de cinquante à soixante ans des centrales existantes.

Mais il y a là un risque immense : d'abord, les centrales n'ont pas été conçues pour cela, et l'Institut de radioprotection et de sûreté nucléaire a souligné les risques sérieux survenant au bout de trente-cinq ans d'exploitation. Depuis quelques mois, le risque s'accroît. L'ASN ne cesse de rappeler que la prolongation de l'exploitation des centrales à soixante ans n'est pas acquise. Le rapport Wise, commandé par Greenpeace[2], a évalué à partir de cinq critères[3] le coût d'une durée de vie allongée.

À chaque fois, la conclusion est identique : la sûreté, même moyenne, ne sera pas atteinte car il

1. « Aujourd'hui, une planification raisonnable au rythme d'une centrale par an serait plus pertinente », contrairement au rythme de trois ou quatre réacteurs par an lors de la construction du parc actuel (entre 1973 et 1990), selon M. Bigot. « L'enjeu, c'est d'avoir une politique énergétique non pas pour les cinq ans qui viennent mais pour les cinquante ans qui viennent », *Libération*, 10 avril 2014.

2. Rapport Wise France dirigé par Yves Marignac, 24 février 2014.

3. Le référentiel de sûreté retenu, la gestion de la conformité, les orientations techniques, le processus de décision et les délais de réalisation.

manque 50 milliards de budget. Dès lors, le risque est grand que, face à une menace de black-out qui résulterait de la fermeture des centrales et donc de la baisse de la production électrique, le blocage soit maintenu sur le développement du secteur des énergies renouvelables. Une seule conclusion s'impose : sortir vite du nucléaire ou en assumer les conséquences. Des conséquences que chacun devra payer, sans avoir jamais été consulté…

De ce qui précède, une question surgit : comment est-ce possible ? Comment un pays tout entier peut-il adopter une démarche aussi suicidaire sur le plan économique, industriel, financier, politique et démocratique ?

DEUXIÈME PARTIE

# LE POUVOIR NUCLÉAIRE

# 10.

# Les Mines : au cœur du système

L'emprise du Corps des Mines sur la politique énergétique et industrielle, et même sur la politique intérieure française, n'est pas nouvelle[1]. On peut comprendre pourquoi en reprenant son historique depuis la Première Guerre mondiale, tel que le raconte, dans un livre fort bien documenté, Thierry Gadault : « Le financement politique, c'est le Corps des Mines qui l'a inventé dans les années 1930, via le Comité des forges. À l'époque, comme le gouvernement commençait à s'intéresser à l'industrie, le Corps a décidé de s'intéresser à la politique (...). Et quel meilleur moyen que l'argent pour obtenir des dirigeants politiques les mesures souhaitées[2] ? » Autrement dit, du trafic d'influence à l'échelle industrielle, même si à l'époque, le financement de la vie politique, il est vrai, n'était encadré par aucune règle.

1. La création du Corps des Mines date d'un arrêt du Conseil du roi en date du 19 mars 1783 ; un décret du 13 messidor an II (1er juillet 1794) porte établissement d'une École des mines.

2. *Areva mon amour, enquête sur un pouvoir qui les rend fous*, François Bourrin éditeur, 2012.

J'avais eu l'occasion, voici près de vingt ans[1], de décrire son poids au sein du ministère de l'Environnement et, de manière plus générale, au sein du gouvernement. À l'époque, il m'avait été absolument impossible d'obtenir le départ de Jean Syrota qui cumulait pourtant les fonctions de président de la Cogema (ancêtre d'Areva) et du Corps des Mines, ce qui le conduisait à gérer la carrière de ceux qui étaient censés contrôler son entreprise. Depuis, rien n'a changé, ou si peu…

Dans les années soixante-dix, nucléaire, politique industrielle et politique tout court sont symbolisés par les premiers « barons de l'atome » peu connus du grand public : ils s'appellent Pierre Guillaumat, superviseur de la bombe atomique, patron d'EDF et ministre des Armées à la fin des années cinquante ; puis André Giraud, patron du Commissariat à l'énergie atomique dans les années soixante-dix ; mais aussi Georges Besse, président d'Eurodif en 1974, puis de la Cogema en 1976, entreprises spécialisées dans l'enrichissement de l'uranium. Et enfin Michel Pecqueur, qui succède à Georges Besse à la tête de la Cogema en 1978. « Ces éminences, écrit le journaliste et écrivain Fabrice Nicolino, ont conclu un pacte avec tous les présidents de la République, Mitterrand compris. Ils ont échangé la puissance que confère le nucléaire sur la scène internationale contre leur autonomie d'initiative et de gestion dans la République. »

Un privilège d'autant mieux verrouillé que les quatre barons historiques qui ont rêvé de façon-

1. *On ne peut rien faire Madame le ministre,* Albin Michel, 1998.

ner un « Shell de l'atome » sortent tous du Corps des Mines, c'est-à-dire de l'élite du service public. Une vingtaine de cerveaux par promotion, dont les onze plus brillants élèves de Polytechnique. « Ils ont constitué une sorte d'Opus Dei méritocratique à la française[1] », explique Mycle Schneider, expert de l'industrie de l'atome, qui depuis cinquante ans sélectionne les têtes pensantes du lobby et programme leurs carrières dans les postes clés de l'administration et les cabinets ministériels.

Le Corps des Mines, c'est aussi une amicale des ingénieurs qui n'hésite pas à promouvoir, pour ne pas dire coopter, ses membres dans les postes à haute responsabilité, du public comme du privé : chefs d'entreprise et étoiles montantes de la politique s'y côtoient, s'entraident et perpétuent le système.

## *L'Amicale*

Le Corps des Mines a toujours été d'une grande efficacité, que ce soit pour nommer ses membres, puisque certains postes sont même considérés comme des chasses gardées, ou les démettre si ceux-ci refusent d'entrer dans le moule. L'objectif est simple : occuper les postes de pouvoir, ou du moins être suffisamment proche de ceux qui prennent les décisions. Pour quoi faire ? Défendre aveuglément le choix nucléaire qui constitue le cœur de leur expertise et donc de leur pouvoir.

---

1. Guillaume Malaurie, in *Le Nouvel Observateur*, novembre 2011.

Le président actuel de l'amicale du corps est Jean-Louis Beffa, ancien P-DG de Saint-Gobain. Il a succédé en 2002 à Raymond Lévy, ex-président de Renault. Il est choquant de noter que ce sont des présidents d'entreprises privées qui non seulement placent leurs poulains dans les entreprises liées à l'État, mais également dans les cabinets, les autorités de contrôle et autres établissements publics. Auprès de ces présidents successifs de l'amicale règne depuis toujours Robert Pistre, qui après avoir occupé des postes de premier plan à Saint-Gobain et Areva, a dirigé l'École des mines et a été conseiller général et maire de Nages.

La situation perdure. En effet, lorsqu'on regarde aujourd'hui la composition de cette petite famille, même si les X-Télécom[1] sont de plus en plus nombreux (le vice-président délégué est Fabrice André, chef de service à Orange), ce sont les ingénieurs des Mines qui restent aux commandes : la trésorière, Patricia Blanc, est directrice de la prévention et des risques au ministère du Développement durable, ce qui signifie qu'elle est la patronne de toutes les installations classées et des ingénieurs du corps ; le trésorier adjoint, Éric Huber, ex-Thalès, ex-BNP Paribas, est un fidèle d'Arnaud Montebourg et a opéré au cabinet de Fleur Pellerin sur le financement de l'innovation. Parmi les membres du conseil d'administration, on trouve également Benoît Malapert, BNP New York, maintenant à l'Agence des participations de l'État ; ou encore Robert Diethrich, qui

1. Corps des polytechniciens ayant choisi Télécom comme école d'application.

a fait une brillante carrière à la direction internationale d'EDF.

Pour bien comprendre l'étendue du pouvoir des « corpsards », j'ai essayé d'identifier leurs trois principaux objectifs.

### *Diriger les acteurs*

Le Commissariat à l'énergie atomique (CEA), créé par le général de Gaulle, est le socle sur lequel s'est développée l'aventure atomique française, tant sur le plan militaire que sur le plan civil. À l'origine, le CEA règne en maître sur la filière nucléaire grâce aux premières centrales construites sur le modèle de la filière graphite gaz. Il s'agit d'un choix fait dans les années cinquante pour la filière française en utilisant l'uranium naturel comme combustible ; les réacteurs sont modérés au graphite et refroidis par un gaz. Mais, au départ de Frédéric Joliot-Curie qui fut le premier délégué général du CEA en 1950, le Corps des Mines, y voyant une opportunité inespérée d'étendre son influence, décide d'en prendre les rênes… pour ne plus jamais les rendre.

EDF est à l'époque tenue par le Corps des Ponts, ce qui est logique puisque l'électricité est alors très majoritairement produite par le charbon et l'eau. EDF n'est pas maîtresse de la technologie nucléaire et des moyens de production. Il faudra attendre le très grave accident de Saint-Laurent-des-Eaux en 1969[1]

1. Fusion partielle du cœur du réacteur. C'est un accident très sérieux classé 4 sur l'échelle INES qui va jusqu'à 7.

pour qu'un partage du pouvoir soit organisé par André Giraud, pape du nucléaire et patron du Corps des Mines jusqu'à sa mort en 1997. EDF remporte alors la construction et l'exploitation des centrales nucléaires sur la base d'une technologie américaine dite Westinghouse, entreprise actionnaire de Framatome[1]. En contrepartie, le CEA prend 35 % de Framatome.

À ce jour, Areva reste au cœur du Corps des Mines avec Benjamin Fremaux, directeur général délégué d'Enrichment Technology Company (ETC), filiale d'Areva, et Philippe Knoche, directeur général délégué du groupe Areva. Le CEA n'est pas un cas isolé : on pourrait aussi citer l'Agence nationale de gestion des déchets radioactifs (l'ANDRA), dirigée par Mme Dupuis, X-Mines ; ou encore Réseau de transport d'électricité (RTE), dirigé par Dominique Maillard, X-Mines qui a fait toute sa carrière au sein de la direction de l'énergie et des matières premières au ministère de l'Industrie. Il est aussi commissaire du gouvernement auprès d'EDF, membre de la Commission de régulation de l'électricité (CRE) et représentant français au sein de l'Agence internationale de l'énergie qu'il a présidée de 2002 à 2003. On peut à la limite admettre cette consanguinité dans les organes chargés de la mise en œuvre du nucléaire.

---

1. Framatome (Franco-Américaine de constructions atomiques) est une société créée le 1er décembre 1958 par plusieurs sociétés des groupes Schneider, Merlin Gerin et Westinghouse. Ses activités ont été intégrées en 1999 dans la société par actions simplifiée Areva NP SA.

En revanche, elle devient tout à fait insupportable lorsqu'il s'agit des corps de contrôle. Partant de l'idée assez simple que le contrôleur ne peut pas être le contrôlé et vice versa, il n'est pas acceptable qu'un même corps remplisse les deux fonctions. Le cas de l'Autorité de sûreté nucléaire, déjà évoqué, est un exemple édifiant d'endogamie : quatre des cinq commissaires qui la composent sont issus du Corps des Mines. Vive l'autocontrôle ! Ce rapide panorama illustre la manière dont cette puissance exerce une mainmise complète sur le système. Mais pas seulement.

### *Investir le privé*

La présence des Mines dans le monde industriel français est extrêmement importante, et d'autant plus curieuse que la quasi-totalité des personnes concernées ont commencé leur carrière dans l'administration française. Ainsi, une large majorité des patrons des grandes entreprises françaises, et donc du Cac 40, est issue de ce corps. Une fois encore, devant l'ampleur du phénomène, on se contentera de citer, pour l'exemple, Jean-Martin Folz, ex-P-DG de PSA Peugeot Citroën, Patrick Kron, P-DG d'Alstom, Thierry Desmarest, ex-P-DG de Total ou Francis Mer, ancien P-DG d'Usinor. Sans oublier Noël Forgeard, ex-P-DG d'Airbus et EADS, Jean-Laurent Bonnafé, directeur général de BNP Paribas, Jean-Bernard Lévy, P-DG de Vivendi jusqu'en 2012 ou encore Denis Ranque, P-DG de Thales jusqu'en 2008.

Il faut cependant noter que les anciens élèves de l'ENA concurrencent aujourd'hui le Corps à la tête d'un certain nombre de grandes entreprises françaises. Ce n'est pas un problème pour le lobby nucléaire qui a su s'adapter.

## *Irradier le secteur public*

L'ère Sarkozy avait été assez réservée à l'égard du Corps des Mines, mais, grâce à François Hollande, il a pu reprendre la main dans le domaine énergétique et industriel[1]. Il ne faut donc pas s'étonner de voir le nucléaire non seulement maintenu, mais renforcé par les décisions qui sont prises aujourd'hui. La liste est longue… À titre d'exemple, on citera Olivier Lluansi, conseiller industrie et énergie à l'Élysée ; Christophe Schramm, conseiller technique chargé des énergies renouvelables, des réseaux, de l'efficacité énergétique et de la réforme du code minier au cabinet du ministre de l'Écologie Philippe Martin ; Nicolas Ott, conseiller technique énergie au cabinet, à l'époque, de Pierre Moscovici. Blaise Rapior, conseiller chargé de l'énergie, de la compétitivité et des politiques sectorielles au cabinet d'Arnaud Montebourg ou Mathias Lelièvre, conseiller technique en charge de la Conférence nationale de l'industrie et des filières et au cabinet de Fleur Pellerin, ministre déléguée du précédent en sont aussi. Il faut y ajouter les ingénieurs des Mines présents en nombre au ministère de l'Énergie et de l'Écologie, au ministère

1. Voir sur ce point le site www.greenpeace.fr

du Redressement productif ou encore au ministère de l'Économie et des Finances.

Quelques membres du Corps ont pu exercer directement des fonctions ministérielles au moment opportun. Ainsi, par exemple, André Giraud était ministre de l'Industrie entre 1978 et 1981 lorsque a été lancé et commençait à être exécuté le programme nucléaire français. D'autres ont su devenir parlementaires pour pouvoir influer directement sur le cours des choses. En 1958, les polytechniciens sont huit à l'Assemblée nationale, vingt-cinq en 1981 et soixante en 1997[1]...

Le Corps des Mines sait aussi investir pour l'avenir en aidant des politiques dans leur traversée du désert ou, au contraire, en les accompagnant dans leur ascension. Ainsi, Dominique Strauss-Kahn a-t-il pu bénéficier de l'aide du Cercle de l'Industrie, créé spécialement pour lui en 1993. Les présidents en ont été successivement Raymond Lévy, Francis Mer, Denis Ranque et Philippe Varin, c'est-à-dire quatre éminents « corpsards ».

### *Un savoir-faire jamais remis en cause… hélas*

Placer des hommes et des femmes à des postes clés a évidemment pour objectif de pouvoir piloter les décisions à prendre et, le cas échéant, éviter de porter le chapeau en cas d'échecs. Cela tombe bien : depuis quelques années ceux-ci sont nombreux ! Commençons par la Commission Péon. Péon signi-

1. Sacha Kagan, 2003, IEP Bordeaux, conférence sur l'influence des lobbies.

fie Production d'électricité d'origine nucléaire. De quoi s'agit-il ? D'une commission consultative auprès du gouvernement français instituée par un arrêté ministériel en 1955 afin d'évaluer les coûts liés à la construction de réacteurs nucléaires. Elle est à l'origine du programme électro-nucléaire français de 1973. Celui-ci s'est fondé sur des prévisions complètement fausses de consommation d'électricité justifiant la construction de sept réacteurs par an. Cette commission était composée de fonctionnaires, du CEA et de représentants de l'industrie concernée : Alstom, Empain-Schneider, Pechiney-Ugine-Kuhlman, Saint-Gobain Pont-à-Mousson. Parmi les membres, onze représentants de la fonction publique sur quinze étaient polytechniciens.

On croit parfois rêver. Marcel Boiteux, directeur d'EDF à l'époque, raconte : « À 9 h 30, un samedi matin, je reçois dans mon bureau un coup de fil du directeur général de l'énergie, Jean Couture, qui me demande toutes affaires cessantes le nombre maximal de centrales que nous étions en mesure de construire. Et il exige la réponse pour midi. » Après s'être informé, Boiteux s'exécute. À 11 h 55, il propose six ou sept centrales pour en obtenir au mieux trois. « À ma grande surprise, poursuit Boiteux, la réponse fut sept[1] ! »

Malheureusement, les choses n'ont guère changé. quarante ans plus tard, il est très instructif de regarder la manière dont ont été composés les organes du débat national sur la transition énergétique à la fin de l'année 2012. En effet, à défaut de pouvoir

1. Arrêt sur images en 1999.

éviter ce débat qui était un engagement du président de la République, il était impératif qu'il ne débouchât sur aucune remise en cause du pacte nucléaire.

Dans le comité de pilotage chargé d'organiser le débat et de produire sa synthèse, figuraient à l'origine deux représentants du nucléaire sur cinq : Anne Lauvergeon, ancienne patronne d'Areva, et Pascal Colombani, ancien administrateur général du CEA, puis président du conseil d'administration de Valeo. Ce dernier s'est retiré et le comité a finalement comporté six personnes dont trois sont incontestablement des défenseurs des solutions alternatives (Bruno Rebelle, Laurence Tubiana, Pierre Radanne), mais la présence d'Anne Lauvergeon et de Georges Mercadal, X-Ponts, ancien vice-président de la commission nationale du débat public sur les déchets à vie longue (autrement dit sur le site de Bure), fera pencher la balance en leur faveur.

Le président du groupe d'experts est Alain Grandjean, certes membre éminent de la Fondation Nicolas Hulot mais aussi cofondateur, avec Jean-Marc Jancovici, de la société Carbone 4, société de conseil dans le domaine énergétique. Or, ce dernier, excellent spécialiste de la question, est un consultant habituel d'EDF et un ardent défenseur du nucléaire. Sur les quarante-deux experts retenus, près d'un tiers sont liés au lobby.

Dans le groupe de contact des entreprises de l'énergie, quinze personnes défendent l'atome et trois le renouvelable. Dans le collège des employeurs, sur sept membres du Medef, quatre sont issus ou liés à l'industrie nucléaire[1]. Aucune autre industrie n'est représentée. Quant aux débats en région, deux cent vingt-neuf entreprises ont été représentées, dont 60 % provenaient d'EDF et de ses filiales (soixante-huit), ainsi que d'Areva (soixante-six). Le secteur économique des énergies renouvelables, de l'efficacité énergétique et en particulier des PME du bâtiment a été peu, voire pas représenté.

Enfin, le comité citoyen a été condamné à jouer le rôle d'idiot utile. Ainsi, un de ses membres, Marie-Jo Sader, témoigne du peu de marge de manœuvre dont le groupe a bénéficié. Noyés par les informations, les membres ont eu du mal à se projeter en 2050 et ont souligné le peu d'intérêt que suscitait le débat autour d'eux et l'absence de relais médiatique. Et surtout, leur très fort sentiment d'instrumentalisation.

Le summum a été la consultation publique. Elle n'a même pas posé la question de la sortie ou non du nucléaire : cherchez l'erreur ! Le débat n'a débouché sur rien de concret et il n'est plus question de sortie du nucléaire. En toute connaissance de cause, le refus de la France d'entrer dans la troisième révolution industrielle a été organisé par le lobby et sa tête pensante. Les Français n'ont qu'à entériner leurs choix !

---

1. Solvay, membre de l'Union des industries utilisatrices d'énergie (Uniden) ; Michel Guilbaud (Corps des Mines, DGEC, Cattenom), Robert Durdilly (Union française de l'électricité, EDF) et Jean-Louis Schilansky (Exxon).

# 11.

# Des catastrophes industrielles à répétition

La France s'est fait une spécialité d'enchaîner les catastrophes sans en tirer les leçons : le plan Calcul, le Concorde, le Minitel... Tous ont été des projets d'une haute valeur technologique, mais d'une réalisation médiocre. Et, à chaque fois, c'est le contribuable qui a dû payer l'addition. Le nucléaire n'échappe pas, hélas, à la règle.

À ce titre, notre dette publique lui doit beaucoup. En effet, nos dépenses augmentent mais notre gouvernance centralisée persiste dans son aveuglement. Parmi les grandes erreurs qui ont conditionné pour partie notre situation financière et ont, de fil en aiguille, conduit les agences de notation à nous rétrograder chaque année dans les classements internationaux, on trouve la volonté de doter la France d'un mix énergétique axé sur le tout-nucléaire, quel qu'en soit le prix, et de tuer dans l'œuf toute autre solution alternative.

J'ai retenu cinq autres erreurs, particulièrement choquantes qui dévoilent bien l'irresponsabilité des prétendus « experts » du nucléaire.

## *Erreur n° 1 : la filière graphite gaz*

La filière graphite gaz regroupe les réacteurs nucléaires dont le combustible est de l'uranium naturel sous forme métallique, le modérateur est du graphite et le refroidissement se fait avec du dioxyde de carbone $CO_2$ gazeux. Ces centrales ont été utilisées pour produire du plutonium pour l'armement. Cette filière française a été développée conjointement par le CEA et EDF après la Seconde Guerre mondiale, jusqu'à son abandon en 1969. Dans les années cinquante et soixante, neuf réacteurs nucléaires furent construits sur le site de Marcoule puis six du même type à Chinon, Saint-Laurent-des-Eaux et Bugey.

Pourquoi ce choix ? Il a été dicté par les ingénieurs du Commissariat à l'énergie atomique pour assurer l'indépendance de la France, alors même qu'à l'époque où la décision a été prise, il apparaissait déjà qu'elle n'était pas forcément la meilleure, ni sur le plan financier ni sur le plan technique. C'est durant cette période que les principales avancées seront réalisées concernant la bombe atomique et, parallèlement, le développement des réacteurs nucléaires.

La guerre menée par EDF contre cette filière graphite gaz[1], d'un surcoût de l'ordre de 20 %, n'empêchera pas le feu vert donné à la construction de nouveaux réacteurs issus de cette technologie. Il faudra attendre la catastrophe de Saint-Laurent-des-

1. Thierry Gadault, *Areva mon amour*, *op. cit.*

Eaux en 1969, entraînant une fusion partielle du cœur du réacteur, pour que cette voie soit définitivement abandonnée. Cela ne s'est pourtant pas fait facilement ! En témoigne la bataille homérique que se livrent à l'époque Georges Pompidou, soutien de la CGE (Compagnie générale d'électricité qui deviendra Alcatel), et Valéry Giscard d'Estaing, ministre des Finances, soutien de Creusot-Loire[1] et Jeumont-Schneider[2].

La sortie de cette filière, décidée par le général de Gaulle en 1968, laisse une question en suspens : quelle alternative choisir ? Réacteurs à eau bouillante (modèle Fukushima), ou réacteurs à eau pressurisée (tout le parc français à partir de Fessenheim, en 1973) ? Ces derniers sont construits par le groupe Framatome, filiale de Creusot-Loire en association avec Jeumont-Schneider. Élu, le président Pompidou opte pour une troisième voie : il est prévu qu'un réacteur prototype de la filière à eau pressurisée sera construit à Fessenheim, en Alsace, et qu'un

1. Creusot-Loire, vieille société française issue de la Fonderie royale rachetée en 1836 par les frères Eugène et Adolphe Schneider, du Creusot, qui se spécialise dans la construction de locomotives à vapeur et dans tous les types de moteurs. Elle est rachetée en 1960 par le baron Empain pour donner naissance au groupe Creusot-Loire. Le groupe est vendu dans les années quatre-vingt à Paribas avant de déposer le bilan en 1984.

2. Jeumont-Schneider était une entreprise française de construction électromécanique, électrique, électronique et nucléaire, de dimension européenne, qui appartenait au groupe Empain-Schneider. Créée en 1964 pour réunir deux firmes anciennes et connues : Les Forges et ateliers de constructions électriques de Jeumont et le Matériel électrique de Schneider-Westinghouse.

réacteur à eau bouillante sera construit à Bugey, dans l'Ain. EDF, qui n'a aucune expérience dans les réacteurs à eau pressurisée, va vite et monte avec Electrabel, une filiale franco-belge, le premier prototype, en Belgique.

Reinhard Wolff, qui travaille à l'époque pour le CEA, témoigne : « Fin 1971, je dois terminer la construction et la mise en route du réacteur graphite gaz, le dernier de la filière française, et concevoir et construire le réacteur à eau bouillante prévu pour le site de Bugey. Le constructeur de la partie nucléaire est Sogerca, du groupe lié à Pompidou. Cette mission va être brutalement arrêtée au bout de quelques mois. L'ordre m'est donné à 8 heures du matin par la direction d'EDF d'arrêter toute discussion avec Sogerca, que nous devions rencontrer à 9 heures dans nos bureaux : on ne reparlera plus jamais des réacteurs à eau bouillante. Il y a tout lieu de penser que la découverte du cancer de Pompidou a ruiné les espoirs du groupe industriel qui était lié à la CGE. Le groupe lié à Giscard va donc rester seul en lice. La filière à eau pressurisée va pouvoir se développer à bride abattue pour le plus grand profit possible. » Aujourd'hui encore, nous payons ce choix avec d'immenses difficultés de démantèlement, et le grand problème des déchets à traiter[1].

---

1. Le démantèlement concerne aujourd'hui six réacteurs.

## *Erreur n° 2 : la technologie d'enrichissement de l'uranium*[1]

La solution retenue par la France, la diffusion gazeuse, était censée assurer notre indépendance énergétique. En 1973, Eurodif est chargée de la mise en œuvre du projet et le CEA construit l'usine Georges-Besse au Tricastin. Pour mémoire, rappelons que l'Iran est entré au capital de cette société, ce qui lui donnera non seulement un droit de blocage, mais aussi un droit de tirer de l'uranium enrichi.

Quoi qu'il en soit, un peu plus de dix ans plus tard, Areva ne pourra que constater le manque d'efficacité de cette technique par rapport à la technologie de la centrifugation choisie par les États-Unis, la Grande-Bretagne, l'Allemagne ou les Pays-Bas. Ce choix coûteux et erroné a été piloté par le Corps des Mines, et nous en payons encore aujourd'hui les surcoûts. S'y ajoute la perte de l'indépendance proclamée puisque cette technologie est sous licence américaine.

## *Erreur n° 3 : le programme Messmer*

La commission Péon a fait, dès le départ, un choix surdimensionné quant au nombre de centrales à

1. Cette technologie est nécessaire pour fabriquer le combustible dont les centrales à eau pressurisée (PWR) ont besoin. Deux procédés industriels d'enrichissement de l'uranium sont exploités au niveau mondial : la diffusion gazeuse et la centrifugation.

construire (sept). La décision est prise en 1973, mais les premiers coups de pioche ne se feront qu'à partir de 1978. Pourtant, le nombre de réacteurs à construire restera inchangé alors même que, suite au premier choc pétrolier, la consommation d'électricité a considérablement baissé. Ainsi, le nombre réel de kilowatt-heures consommés en 1980 n'a strictement rien à voir avec les prévisions à la base du programme. C'est donc de manière tout à fait volontaire que le lobby nucléaire a triché en présentant des chiffres qu'il savait être faux. Entre 1985 et 1990, les dossiers examinés et validés par le Conseil d'État reposaient encore, pour justifier les nouveaux réacteurs, sur une consommation erronée, dépassant de plus de 25 % la réalité.

D'où un surcoût colossal et des conséquences en chaîne qui s'avèrent encore aujourd'hui plus que néfastes. Le plan Messmer, du nom du Premier ministre de l'époque, prévoyait ainsi la construction de quatre à six réacteurs par an jusqu'en 1985 et l'équipement de trois millions de logements en chauffage électrique pour assurer la vente de cette électricité. La surcapacité qui en est résultée a conduit à une politique d'exportation non prévue à l'origine et à une absence totale de maîtrise et de diversification de l'énergie, conduisant à l'impasse dans laquelle nous sommes.

### *Erreur n° 4 : Superphénix*

De la même manière, le choix de Superphénix s'est révélé catastrophique. Péchant par un orgueil démesuré, le CEA, dépité par l'abandon de la filière graphite gaz, a cru pouvoir passer du petit réacteur Rapsodie[1] et du petit surgénérateur de recherche Phénix[2], construit en 1968, à Superphénix. Ce projet imaginé dès 1974 devait être le fleuron de l'industrie nucléaire française, seule capable de réaliser le surgénérateur[3]. Mis en service en 1986 pour 30 milliards de francs et des coûts de fonctionnement de 800 millions de francs par an, le surgénérateur n'a jamais fonctionné. Sa raison d'être, la surgénération, a été un échec technique immédiat. Reconverti en réacteur, en dix ans, il n'a tourné que sept mille quatre cents heures et n'a fourni que le septième des kilowatt-heures espérés, à des prix deux à trois fois supérieurs à ceux d'une centrale classique !

Dès le début des années quatre-vingt, EDF avait compris que cette filière était sans avenir, puisqu'en 1987, Jean Bergougnoux, de la direction des études et recherches d'EDF, admettait que le prix du kilowattheure produit par Superphénix était de 110 % supérieur à celui obtenu par un réacteur classique[4]. Dans

1. Rapsodie est le premier réacteur nucléaire expérimental français de la filière à neutrons rapides et à caloporteur sodium, conçu fin 1957 par le CEA à Cadarache.

2. Phénix est un réacteur nucléaire prototype de type réacteur nucléaire à neutrons rapides et à caloporteur sodium, d'une puissance électrique de 250 mégawatts situé sur le site nucléaire de Marcoule (Gard) et arrêté en 2010.

3. Il s'agissait d'un réacteur capable de pouvoir réutiliser de manière infinie le même combustible pour produire de l'électricité, voire de produire plus de matières fissibles qu'il n'en utilisait.

4. Michèle Rivasi et Hélène Crié, *Ce nucléaire qu'on nous cache*, Albin Michel, 1998.

les années soixante-dix, l'usine de retraitement de La Hague avait été construite pour alimenter les surgénérateurs en plutonium. Après la mise en service de Superphénix en 1987 puis son arrêt, puis son redémarrage, Edouard Balladur décida, en 1993, de le transformer en outil de recherche et accessoirement de production d'électricité si la sécurité était assurée.

La commission Castaing que j'avais mise en place en 1996[1] trancha en soulignant que les surgénérateurs ne seraient pas à l'ordre du jour avant 2050 et que rien ne prouvait que cette centrale pourrait traiter les déchets nucléaires. Pour autant, ce sont le Conseil d'État et moi-même qui donnerons le coup de grâce, le Conseil, en annulant le décret Balladur, et moi-même en refusant de signer un décret de redémarrage. Ce qui rendra la tâche particulièrement aisée au gouvernement Jospin pour fermer une centrale devenue inutile et un gouffre financier.

En effet, outre le coût astronomique, la transformation du statut de Superphénix en outil de recherche pour un coût de 1 milliard de francs par an n'avait pas été du goût des partenaires d'EDF au sein de la Nersa[2]. Pour éviter qu'ils partent, ce qui aurait coûté à l'État 3 milliards d'euros d'indemnités et laissé EDF assumer seul le coût des emprunts, EDF s'était engagé à continuer à approvisionner ses associés, que Superphénix fonctionne ou non.

Au total, le coût de l'opération Superphénix ajoute le prix de la construction (1,6 milliard d'euros), les

1. Pour apprécier les coûts et avantages de Superphénix.

2. Nersa est un consortium réunissant autour d'EDF d'autres électriciens européens.

coûts de fonctionnement et d'entretien (6,2 milliards d'euros) et le prix de son démantèlement estimé à 2,5 milliards d'euros mais qui pourrait être largement dépassé. Ainsi, cette « grande réussite » aura coûté la bagatelle de 10 milliards d'euros au minimum.

Choix français quasi unique dans le monde puisque tous les autres pays l'ont abandonné sauf le Japon dont le surgénérateur de Monju[1] est arrêté depuis décembre 1995, après un an d'activité à cause d'une fuite de sodium et d'un incendie dans le circuit de refroidissement secondaire. Il n'a jamais redémarré et ne redémarrera probablement pas.

### *Erreur n° 5 : le retraitement et le MOX*

La centrale de La Hague, construite à la fin des années soixante, a une origine purement militaire, puisqu'elle était destinée à produire du plutonium. On peut tout à fait admettre ce choix. Mais, dès l'arrivée de Georges Pompidou au pouvoir, le plutonium militaire était déjà amplement suffisant. Conclusion qui aurait dû être tirée : La Hague n'avait plus aucune utilité. Malheureusement pour nos finances, et pour l'emploi dans le Cotentin qui est devenu de ce fait une région monoindustrielle, c'est la solution inverse qui l'emportera.

Le Commissariat à l'énergie atomique, qui vient de perdre « sa » filière graphite gaz, obtient la reconversion de l'usine à des fins civiles. En 1976, la Cogema suc-

1. Situé à Tsuruga, centrale de type surgénérateur, alimentée au MOX et refroidie au sodium.

cède au CEA pour retraiter les déchets nucléaires d'EDF et de l'étranger. Ce passage à une entreprise privée ne met évidemment pas un terme à la suprématie du Corps des Mines, mais y ajoute un objectif commercial, en opposition avec les motivations désintéressées supposées l'animer. D'où une très forte opposition locale qui vient s'ajouter à celle suscitée par la construction de la centrale de Flamanville. Je peux témoigner qu'à l'époque, l'usine de La Hague, qui devait entrer en phase industrielle au début de l'année 1980, n'était absolument pas en état de fonctionner. Mais le Corps des Mines tiendra bon et le décret d'utilité publique de 1980 étendant largement l'usine sera confirmé par François Mitterrand, devenu président de la République.

L'usine de La Hague va devenir alors le centre de retraitement majeur de la planète, avec des conséquences en termes de pollution que la Cogema puis Areva ne cesseront de contester. Les nucléocrates ont dissimulé de surcroît, outre un grave incendie en 1981, le stockage des déchets dans des conditions inadmissibles, la pollution radioactive de la Manche ou la polémique autour du surnombre de leucémies chez les enfants. Mais qu'importe : les contrats de stockage sont très juteux. Ils permettent aux exploitants des pays dans lesquels il est interdit de produire de l'électricité nucléaire sans traiter les déchets de présenter une pseudo-solution puisque ceux-ci ne disparaissaient pas pour autant.

Mais, progressivement, les clients se font de plus en plus rares. D'où l'idée de fabriquer un nouveau combustible à partir des produits retraités, le MOX, dont les centrales nucléaires françaises sont progressivement équipées au cours des années quatre-vingt-dix, alors même qu'elles n'avaient en aucune manière été conçues pour cela. Non seulement les centrales sont fragilisées, non seulement le MOX est infiniment plus dangereux comme l'a démontré la catastrophe de Fukushima, mais encore les déchets qui en résultent posent infiniment plus de problèmes que les déchets classiques. Pourtant, en 2000, la Cogema est autorisée à retraiter les combustibles MOX sans aucune modification des autorisations de rejet.

Aujourd'hui, il n'existe plus aucun contrat de retraitement étranger en activité. EDF, qui renâclait, compte tenu de l'inutilité et du coût, à faire retraiter ses propres déchets, y a été contrainte par le pouvoir politique, du moins en partie (huit cents tonnes sur les mille deux cents annuelles). Si tel n'avait pas été le cas, l'usine de La Hague n'aurait eu qu'à fermer son activité de retraitement. Il n'en demeure pas moins que ce retraitement inutile crée un surcoût à la charge du consommateur d'électricité, dont personne ne parle jamais. De plus, Fukushima a rendu très difficile la vente de MOX, de telle sorte que la situation financière d'Areva est désormais compromise.

Aucune importance… nous continuons ! EPR, Iter drainent des milliards d'euros au niveau européen comme au niveau national, sans parler du projet fou des réacteurs de quatrième génération, ou Superphénix à la puissance 10. Pas moins de 650 millions d'euros lui ont été attribués en 2010 au titre des investissements d'avenir ce qui démontre, s'il en était besoin, que le CEA et le Corps des Mines ont été suffisamment puissants pour éviter qu'aucun compte ne leur soit jamais demandé sur les erreurs passées. Et pire encore : suffisamment puissants pour persister à prendre des décisions parfois désastreuses.

Mais depuis un nouveau pouvoir a émergé.

# 12.

# La pieuvre EDF

L'enjeu du nucléaire est avant tout économique et financier. Ce secret de polichinelle fait du critère de l'indépendance nationale – qui n'existe que très partiellement d'ailleurs – un simple, et mauvais, alibi. En effet, les deux premières entreprises d'électricité du monde sont françaises. Ce sont des multinationales pour lesquelles la cote boursière est devenue la seule boussole. Si GDF Suez est un groupe diversifié, EDF a assis toute sa puissance sur le nucléaire et lui seul.

Or, depuis l'abandon de la filière graphite gaz, EDF est devenue non seulement fournisseur d'électricité mais aussi constructeur de réacteurs. Son pouvoir n'a donc cessé de croître, au détriment du Corps des Mines et d'Areva. D'autres corps et réseaux sont entrés dans la danse, à commencer par les Ponts, cousin germain des Mines puisque issu lui aussi de Polytechnique, pour lequel EDF était à l'origine une sorte de propriété quasi privée. Aujourd'hui, à côté des Ponts, d'autres Corps ou amicales d'anciens élèves se retrouvent : ENA bien sûr, mais aussi HEC. Cette mixité de réseaux explique comment, entre 1970 et 2005, EDF a pu investir une grande part de l'industrie française, pour la convaincre de défendre la filière nucléaire. L'intérêt général ? C'est quoi ça ?

Le mandat de Nicolas Sarkozy à la présidence n'a fait que renforcer cette évolution en faveur d'EDF. Les mesures n'ont pas manqué. Tout d'abord, la fusion des X-Mines avec les X-Télécoms pour créer le Conseil général de l'industrie, de l'énergie et des technologies, qui fusionne à son tour, en 2012, avec le Corps de contrôle des assurances. Objectif affiché : moderniser la gestion de l'énergie en France ; objectif réel : diluer le Corps des Mines dans un ensemble beaucoup plus vaste.

Nicolas Sarkozy voulait, en 2007, s'en débarrasser afin de pouvoir disposer à sa guise de l'industrie nucléaire française. Il souhaitait que Bouygues puisse acquérir Areva, ce qui explique pour une large part sa bagarre avec Anne Lauvergeon. En juillet 2007, l'administrateur général du CEA, Alain Bugat, remet un rapport au président de la République proposant l'ouverture à hauteur de 17 à 18 % du capital d'Areva avec trois scénarios : faire entrer un partenaire industriel au capital (Mitsubishi), conclure une alliance au niveau des filiales (Bouygues), ou réunir la filière (EDF). La solution Bouygues, qui passait par un arrangement avec Alstom, est rejetée. Les autres aussi. Jean Syrota, patron de la Cogema entre 1988 et 1999, affirme que « dans les années quatre-vingt-dix, Bouygues voulait déjà prendre une participation dans Cogema… [Mais] il n'y a aucune synergie entre le béton et le nucléaire ».

Indépendamment de ces errements, la stratégie d'EDF a commencé à changer à la fin des années quatre-vingt-dix. Sans doute s'est-elle trouvée dans l'obligation d'exporter son électricité en Europe. Lorsque s'est ouvert le marché, EDF a fait le choix d'un bas prix non pas pour satisfaire la demande française, mais bien pour être concurrentiel ; dans le même esprit, la privatisation a conduit à présenter une mariée la plus séduisante possible, débarrassée, grâce au contribuable, du coût des retraites des salariés. Bref, EDF avait une politique de société privée à la conquête du monde sur le dos de ses usagers. Et des contribuables.

Quant aux investissements à l'étranger, ils se sont avérés désastreux, que ce soit au Mexique où EDF s'est implantée de 1998 à 2005, date à laquelle la cession des cinq centrales pour 1,45 milliard de dollars s'est concrétisée, ce qui est une opération ultra-déficitaire. Le Brésil et l'Argentine ont également été abandonnés après une perte de plusieurs milliards d'euros[1]. S'y ajoutent les désastres américain (Constellation) et peut-être anglais avec, en particulier, le coût partiel du démantèlement de Sellafield (British Energy). Bien qu'il soit difficile de donner un chiffre exact du coût cumulé, il est probablement très supérieur à 10 milliards d'euros.

Quoi qu'il en soit, en 2012, EDF a réalisé 46,2 % de son chiffre d'affaires hors de France. Il s'agit d'une société anonyme à capitaux publics dont 15 % du capital a été introduit en Bourse. Cette situation

1. Voir, sur le site lefigaro.fr, Frédéric de Monicault, 31 décembre 2007.

de quasi-monopole (que conteste du reste l'Union européenne) et de très forte présence dans le monde a permis à EDF d'asseoir un lobbying très puissant. Une véritable stratégie de la pieuvre s'est développée.

## *EDF intègre*

Il existe une spécificité française : celle du cumul des mandats. Elle vaut en politique comme dans le monde de l'entreprise. Notre pays est en effet le seul au monde où des patrons d'entreprise peuvent siéger dans de multiples conseils d'administration, ce qui leur permet de défendre les intérêts de leurs propres entreprises, d'être informés des stratégies des autres, de pouvoir défendre les intérêts des sociétés dont ils sont administrateurs au sein de leur propre entreprise et, accessoirement, de veiller sur les rémunérations de leurs collègues. Bref, c'est le règne du copinage.

EDF n'échappe pas à la règle et a su en faire un formidable levier de pouvoir. La désignation des administrateurs permet ainsi à des personnalités de faire entendre les intérêts du groupe dans des organismes qu'ils dirigent eux-mêmes. À cet égard, le conseil d'administration est un petit chef-d'œuvre, qui comporte deux types de membres.

Le premier est celui des personnalités extérieures, à commencer par Philippe Crouzet, président du directoire de Vallourec, après avoir occupé des postes de direction à Saint-Gobain. Vallourec travaille dans le pétrole, le gaz et les industries électriques. Très impliquée dans le nucléaire, cette entreprise vient d'inaugurer une usine de tubes pour centrales nucléaires en Chine. Philippe Crouzet préside de surcroît le comité de suivi des engagements nucléaires d'EDF.

Mireille Faugère était, jusqu'en novembre 2013, directrice de l'Assistance publique de Paris (AP-HP). Elle siège au conseil d'administration d'Essilor et préside, à EDF, le comité d'éthique. Lorsque l'on connaît les liens entre le nucléaire et la médecine[1], cette présence est plaisante. Michael Jay, membre éminent de la Chambre des lords, est administrateur d'Associated British Foods depuis 2006, du Crédit agricole SA et de Valeo SA depuis 2007, ainsi que de Candove Investments depuis 2008. Président de Merlin (une émanation de l'association Save the children), il occupait les fonctions d'ambassadeur de Grande-Bretagne en France. Son CV permet de cumuler les relais économiques et politiques, tout en appuyant les investissements d'EDF outre-Manche. Bruno Lafont est le patron de Lafarge, mais aussi le président d'Entreprises pour l'environnement (EPE). Il est également très investi dans le WBCSD, une association patronale mondiale puissante spécialisée dans le développement durable. Le deuxième collège est celui des membres nommés par l'État, en tant qu'actionnaire principal. En réalité, la question qui se pose est celle de savoir s'ils ne sont pas davantage là pour défendre, s'il en était besoin, les intérêts du nucléaire au sein de l'État plutôt que de représenter l'intérêt général au sein d'EDF.

Jean-Dominique Comolli ? Il avait été nommé directeur général de l'Agence des participations de

1. Voir chapitre 16 p. 182.

l'État en septembre 2010 par Nicolas Sarkozy. Il a quitté ses fonctions en 2012, mais demeure administrateur d'Air France-KLM, d'Areva, d'EDF, de France Télécom, du Fonds stratégique d'investissement (FSI), de la SNCF, de Pernod Ricard et de l'établissement public de l'Opéra-Comique. Julien Dubertret était directeur du Budget. C'est donc un personnage clé pour obtenir les arrangements nécessaires. Yannick d'Escatha, ancien administrateur général du CEA, puis président de CEA Industrie, a été directeur général délégué industrie d'EDF puis directeur général délégué d'EDF puis président du Centre national d'études spatiales (CNES). Il est également président du conseil d'administration de l'université de technologie de Troyes et membre du conseil d'administration de Thales. Marie-Christine Lepetit est chef du service de l'inspection générale des Finances. Elle occupe donc une fonction clé sur le plan du contrôle. Là, on est à la limite du conflit d'intérêts. François Loos, lui, est ingénieur des Mines, ancien responsable de Saint-Gobain, ancien ministre de l'Industrie, de la Recherche et du Commerce extérieur, ancien président de l'Ademe. Enfin, Pierre Sellal est un diplomate de très haut niveau, secrétaire général du Quai d'Orsay et également administrateur d'Areva.

### *EDF irrigue*

Si le conseil d'administration laisse déjà entrevoir l'ampleur du phénomène, il faut remonter au sommet de la chaîne pour en comprendre le caractère profondément indécent. La montée en puissance d'EDF s'est en effet faite progressivement avec des présidents très puissants : Marcel Boiteux, Pierre Delaporte, Gilles Ménage, Edmond Alphandéry, François Roussely, Pierre Gadonneix, puis Henri Proglio. Ces politiques ou capitaines d'industrie sont restés très liés au nucléaire, même après leur départ de la présidence, pour devenir des missi dominici de l'atome.

Marcel Boiteux a présidé l'Institut des hautes études scientifiques (IHES) de 1985 à 1994, puis l'Institut Pasteur de 1988 à 1994, créant ainsi des liens avec le monde scientifique et médical. Il s'est constamment investi, depuis son départ d'EDF, en faveur du nucléaire. Pierre Delaporte, président d'honneur d'EDF, préside de très nombreux organismes dont Espaces pour demain, association à prétention environnementale, très active dans la défense du paysage... contre les éoliennes. Edmond Alphandéry est administrateur de GDF Suez et président du CEPS, Centre for European Policy Studies, un *think tank* basé à Bruxelles qui traite notamment du climat et de l'énergie.

François Roussely, président d'EDF de 1998 à 2004, est maintenant vice-président du Crédit suisse en Europe, chargé du développement des activités du groupe dans le secteur de l'énergie. Son rapport, classé secret défense pour ne pas être rendu public en 2010, sur la filière nucléaire française, était une critique ouverte de l'EPR, certes justifiée mais surtout destinée à déstabiliser Anne Lauvergeon au bénéfice d'EDF. Du reste, le mélange des genres n'est pas loin puisque les actionnaires salariés d'Areva ont déposé une plainte contre François Roussely pour trafic d'influence au début de l'année 2011, en raison de son rôle de conseiller de l'État en même temps que de conseiller du Qatar par l'intermédiaire de ses activités de banquier conseil au Crédit suisse. Pierre Gadonneix est aujourd'hui président du Conseil mondial de l'énergie.

Enfin, quant au président actuel, Henri Proglio, ex-patron de Veolia, il dispose de réseaux extrêmement puissants, qui lui ont du reste permis de rester en place avec l'arrivée de François Hollande alors que tout conduisait à son départ. Les multiples services rendus par Veolia à des élus ont laissé de bons souvenirs, manifestement. En dehors des organismes directement liés à EDF, Henri Proglio est également membre du conseil d'administration d'Edison, de Veolia Eau, Veolia Environnement et Veolia Propreté, de CNP Assurances, de Dassault Aviation, de Natixis, de Fomento de Construcciones y Contratas, de l'Institut de l'entreprise, de la Fondation européenne pour les énergies de demain. Il est enfin président du conseil d'établissement du groupe HEC.

La pieuvre a donc bien installé, à sa tête, les personnalités les plus à même de servir ses intérêts. Voyons maintenant comment elle procède…

# 13.

# Les tentacules

Entre experts extérieurs, administrateurs, proches d'EDF au sein du Cac 40, entreprises amies car vivant de commandes du nucléaire, et syndicats professionnels, de grands pans de l'industrie française se retrouvent soutenir la filière. Il faut y ajouter des alliés, dans tous les domaines de l'énergie… et au-delà !

## *Des amis très discrets*

Deux groupements réunissent les industries utilisatrices d'énergie pour défendre leurs intérêts, dont ceux qui sont propres au nucléaire.

Tout d'abord, l'Uniden, Union des industries utilisatrices d'énergie est un groupement très actif. L'Uniden est membre de l'Ifiec Europe (International Federation of Industrial Energy Consumers in Europe) qui regroupe des associations européennes équivalentes. Les positions de l'Ifiec Europe relatives à l'environnement sont relayées au niveau international par l'Ifiec World qui bénéficie du statut d'ONG auprès de l'ONU. Quant aux membres, ils couvrent tous les secteurs : agroalimentaire, automobile, matériaux de construction, métaux, chimie, ciment, papier, transports, électronique, et énergie avec Areva. Le président de la commission électricité de cet organisme, Stéphane Delpeyroux (salarié de Arcelor Mittal), le dit sans ambigüité : « Pour nous, le nucléaire est un facteur essentiel de prévisibilité en termes d'investissements industriels (...) et de compétitivité. (...) Et ce nucléaire répond tout à fait à notre profil de consommation qui est plat, c'est-à-dire relativement constant dans le temps[1]. » On ne saurait être plus clair !

Mais l'organisme le plus puissant n'est pas l'Uniden, il s'agit d'un consortium totalement inconnu : Exeltium. En 2006, sur suggestion du gouvernement français, les plus gros consommateurs industriels d'électricité de France, dits électro-intensifs, se sont regroupés pour leurs achats d'électricité auprès d'EDF en créant Exeltium avec vingt-six grandes entreprises[2]. Une négociation s'est alors engagée avec EDF pour faire bénéficier l'industrie française des tarifs d'électricité les plus bas possible grâce au nucléaire. Ainsi, indirectement, ces vingt-six très grandes entreprises qui couvrent l'essentiel de l'activité industrielle française devaient-elles avoir un intérêt au maintien du parc actuel.

L'accord s'est fait en janvier 2007 sur un tarif de 39 euros par mégawatt, soit 3 euros de moins

1. *Le Républicain lorrain*, 6 mars 2012.

2. Dont Arcelor Mittal (acier), Alcan (aluminium), Air Liquide (les gaz), Rhodia, Arkema et Solvay (chimie), UPM Kynmene pour le papier.

que le prix fixé par la Commision de régulation de l'électricité, 19 euros de moins que le coût réel du kilowatt-heure actuel, et ce durant vingt-quatre ans. Est-ce tout ? Non : cerise sur le gâteau, une avance de 3,7 milliards d'euros doit être consentie par le groupement à EDF, ce qui montre à quel point la situation financière d'EDF est difficile[1].

La Commission européenne a considéré à juste titre qu'il s'agissait avant tout d'une manœuvre destinée à rendre captive cette consommation industrielle. La montagne accouchera d'une souris puisque, après un an d'enquête, Bruxelles décide, en juillet 2008, qu'il suffisait, pour régulariser la situation, que chaque contrat mentionne que les membres de ce club bien particulier pourraient le quitter pour un concurrent d'EDF, lequel, évidemment, aura du mal à être compétitif. Mais en réalité, après avoir versé 1,75 milliard d'euros pour bénéficier durant vingt-quatre ans d'un prix prévisible, le tarif a été fixé à 52 euros, soit dix de plus que le prix de rachat fixé par la Commission de régulation de l'électricité (CRE) auquel le consortium n'a pas eu accès. Le contrat devrait donc être remis à plat. Jean-Pierre Roncato, président du consortium, plaide pour une baisse de 10 euros et la CRE reconnaît qu'il faudrait baisser les prix… En clair, elle voudrait bien, mais elle ne peut point !

Aujourd'hui, la question n'est toujours pas réglée et n'est pas près de l'être. D'une part, l'annonce faite

1. Dans son rapport 2013, Moody's rappelle que la dette financière du groupe est passée de 33,3 milliards d'euros en 2011 à 41,6 milliards d'euros en 2012. L'État a remboursé 4,9 milliards d'euros en 2013.

par EDF du prix de vente de l'électricité nucléaire en Grande-Bretagne remet en cause l'engagement de longue durée pris vis-à-vis de ces partenaires privilégiés jusqu'en 2031. À cette date, Flamanville devrait normalement fonctionner et les réacteurs les plus anciens avoir été arrêtés (Fessenheim aura cinquante ans en 2027). Dès lors, le prix de 39 euros n'aura plus aucun sens, sauf à faire compenser par les consommateurs et les autres industriels la différence de coût. De plus, la décision prise par la Commission de refuser d'assimiler le nucléaire aux énergies renouvelables en ce qui concerne le système de subventions va très rapidement poser la question des aides d'État appliquées au nucléaire et de leur éventuelle irrégularité[1].

## *Le cas particulier de GDF Suez*

GDF Suez est le deuxième groupe mondial de l'énergie, la première société de services au public au monde par son chiffre d'affaires et le premier producteur indépendant d'énergie au monde depuis son rapprochement avec l'électricien britannique International Power, fin 2010. Cette entreprise définit ainsi sa stratégie : « GDF Suez confirme son choix stratégique de promouvoir un mix énergétique diversifié, équilibré et décarboné. Essentiellement constitué de gaz naturel, de nucléaire et d'énergies renouvelables (hydraulique, mais aussi éolien

1. On rappellera que les aides d'État sont proscrites sauf dans des domaines très particuliers comme l'environnement.

et biomasse en proportions croissantes), il favorise une production à faibles émissions de $CO_2$. » Le nucléaire joue un rôle majeur au sein de cette stratégie. Mais les difficultés que cette société rencontre aujourd'hui pour vendre le gaz en Europe sont en passe de transformer GDF Suez en tentacule de la pieuvre EDF.

Certes, le métier originel de GDF Suez est le gaz, et ses investissements dans le domaine du renouvelable sont considérables : 50 % d'augmentation de ses capacités entre 2009 et 2015. Cette entreprise n'est donc pas mono-secteur comme l'est EDF, mais elle a des intérêts puissants dans le nucléaire et cherche à concurrencer EDF à l'export avec, il faut le reconnaître, un réel succès.

Opérateur du nucléaire, GDF Suez possède et exploite sept réacteurs en Belgique avec Electrabel, dispose de participations dans les centrales de Chooz et Tricastin en France (1 208 mégawatts, équivalent à un réacteur nucléaire) et des droits de tirage en Allemagne. « Je veux garder l'option nucléaire ouverte. Avec la Belgique et avec la Turquie, GDF Suez va rester dans le nucléaire au moins jusqu'en 2085. Et nous aurons d'autres projets d'ici là », assure Gérard Mestrallet, son P-DG. Toutefois, la décision de fermer les deux réacteurs nucléaires de Doel 3 et Tihange 2 exploités par Electrabel après la découverte d'irrégularités dans des tests de résistance de leurs citernes pourrait remettre en cause cette politique.

C'est la raison pour laquelle, dans une certaine mesure, GDF Suez peut partager sur le nucléaire des intérêts communs avec EDF quant au maintien de cette filière et quant à un cantonnement à la portion congrue des énergies renouvelables lorsqu'elles peuvent concurrencer le gaz. Les deux conférences de presse tenues successivement à Bruxelles, pour mettre en cause la politique allemande, en témoignent. Mais la concurrence à l'export et une vision beaucoup plus large du mix énergétique donnent à ces deux entreprises des stratégies assez différentes. En témoigne la décision prise par Gérard Mestrallet de déprécier 14,9 milliards d'euros sur des actifs, ce qui a grevé son résultat net, qui s'inscrit en perte de 9,7 milliards d'euros : « On ne peut pas s'accrocher au monde ancien et à l'héritage des monopoles. Le monde ancien, je le déprécie sur le plan comptable », a ainsi affirmé le P-DG de GDF Suez, rappelant qu'il avait « été le premier en mai 2013 à avoir alerté [la Commission européenne] et à dire qu'on était allé trop vite et trop loin sur les renouvelables ».

### *La proximité avec le BTP*

La deuxième des tentacules de la pieuvre EDF occupe une autre dimension : il s'agit de Bouygues. Ayant participé à la construction des centrales nucléaires dans les années quatre-vingt-dix, l'entreprise cherchait déjà, à cette époque, à prendre une participation dans la Cogema. En 2004, elle rachète celle de l'État au capital d'Alstom (centrales électriques, turbines, alternateurs, énergies renouvelables et transport), soit 21,03 % en plus de ses 10 % déjà acquis, dans l'optique de mettre la main sur Areva avec la bénédiction de Nicolas Sarkozy. Restait à rapprocher Alstom et Areva, mais le projet avortera.

Il n'en demeure pas moins que Bouygues reste un acteur important de soutien à la filière, ne serait-ce que parce qu'il est chargé du sarcophage de Tchernobyl, de la construction de l'EPR de Flamanville et qu'il est également le cocontractant du CEA pour la réalisation d'Astrid, ce projet de réacteur de la quatrième génération. Du reste, d'autres signes témoignent du lien entre EDF et Bouygues. Ainsi, la société Valpar-Immo est-elle une filiale de ces deux entreprises, chargée de développer l'immobilier.

De même, la composition du conseil d'administration de Bouygues reflète incontestablement sa proximité avec le nucléaire, sur le modèle de la pieuvre EDF. Ainsi, Colette Lewiner a fait une bonne partie de sa carrière à EDF, où elle était la première femme nommée directeur, et à la Cogema avant de rejoindre Cap Gemini. Elle siège aussi dans les sociétés Eurotunnel, Lafarge et Nexans. Elle occupe chez Bouygues une fonction importante : la présidence du comité des rémunérations. Patrice Kron, P-DG d'Alstom, construit les chaudières nucléaires. Anne-Marie Idrac, ancien ministre, ancienne présidente de la RATP, n'est pas directement liée au nucléaire mais est membre du conseil de surveillance de Vallourec, qui y a des intérêts. Les autres administrateurs viennent de la banque (BNP, Crédit agricole, Leonardo) et de Veolia.

Vallourec est, là aussi, un ami de la famille. Cette société dispose d'une filiale spécialement dédiée, Valinox nucléaire, dont le chiffre d'affaires de 121 millions d'euros reste assez modeste au regard de l'ensemble des activités du groupe. Toutefois, Olivier Mallet, membre du directoire de la société

Vallourec, a passé une partie de sa carrière chez Areva, ce qui démontre très clairement les liens entre les deux activités.

Le regroupement des PME travaillant dans la filière nucléaire et des grandes entreprises s'est fait au sein d'une intersyndicale de l'industrie nucléaire. EDF a en effet eu l'intelligence de susciter cette intersyndicale qui regroupe de nombreux syndicats professionnels[1], soit deux cents membres, regroupant soixante-dix mille salariés.

## *Les organisations patronales*

Pour boucler la boucle, cet État nucléaire s'est également intéressé au Medef et aux organisations patronales. L'Union française de l'électricité (UFE), comprend EDF et tous ses satellites, E.ON, GDF Suez Enel, les producteurs d'hydroélectricité et le syndicat des énergies renouvelables. Il n'était donc pas écrit à l'avance, compte tenu de cette diversité, que cet organisme soit le porte-parole officiel du lobby.

1. La Fédération des industries électriques, électroniques et de communication (Fieec) dont le Groupement des industries de l'équipement électrique, du contrôle-commande et des services associés (Gimelec) est le membre actif ; la Fédération des industries mécaniques (FIM), dont les membres actifs sont le Syndicat national de la chaudronnerie, tuyauterie et maintenance industrielle (SNCT) ; Profluid (association française des pompes et agitateurs, des compresseurs et de la robinetterie) ; FIM Énergétique (association syndicale des équipements énergétiques) ; le Syndicat des entrepreneurs de réseaux et de constructions électriques (Serce) ; Professionnels du Recrutement et de l'Intérim (Prisme).

Car l'UFE regroupe, directement ou indirectement, quelque cinq cents entreprises qui emploient, en France, plus de cent cinquante mille salariés, pour un chiffre d'affaires d'environ 40 milliards d'euros, est membre du Medef et d'Eurelectric, l'association européenne des électriciens. Ses orientations sans équivoque se sont parfaitement traduites lors du débat national sur la transition énergétique où le scénario porté par l'UFE a été celui du tout-nucléaire. Comme par extraordinaire, ce scénario semblait avoir la préférence des pouvoirs en place.

Le débat sur la transition énergétique a démontré à ceux qui auraient encore eu des illusions que le Medef soutenait totalement le tout-nucléaire comme l'exploitation des gaz de schiste. Autrement dit, ce sont les énergéticiens qui ont porté la parole du Medef lors de ce débat majeur sur l'énergie, mais en réalité sur l'économie. Dans la nouvelle équipe mise en place à la suite de l'élection de Pierre Gattaz, aucun représentant du lobby ne semble figurer dans les premières places. Néanmoins, ce patron de PME a été porté à la présidence du Medef par l'Union des industries métallurgiques et minières (UIMM), laquelle est extrêmement liée au Corps des Mines et donc au nucléaire. Il n'est pas très surprenant que le projet phare du nouveau président du Medef « 2020 : faire gagner la France » soit codirigé par Valérie Derouet, directrice d'EDF et coordinatrice du comité stratégique de la filière nucléaire (CSF).

Face à cette puissance de tir considérable qui va très au-delà de l'industrie nucléaire elle-même, existe-t-il un réel contrepouvoir ? À l'évidence non. Le Syndicat des énergies renouvelables (SER) siège à l'Union française de l'électricité (UFE) mais n'y a aucun poids. La meilleure preuve en est les prises de position de cet organisme. Créé en 1993 pour promouvoir les énergies renouvelables, il compte aujourd'hui quatre cent cinquante entreprises et couvre différentes filières. Mais son essor est très récent. En effet, son président d'honneur, André Antolini, qui a veillé sur ce syndicat entre 1997 et 2010, ne disposait peut-être pas de toute l'indépendance requise à l'égard d'EDF, qui en est membre au même titre que les grands acteurs du nucléaire[1].

Avec l'arrivée d'un nouveau président, Jean-Louis Bal, venu de l'Agence de l'environnement et de la maîtrise de l'énergie (ADEME), un vent nouveau a commencé à souffler. Des groupes de travail par filières se sont mis en place et le nouveau président a osé prendre des positions fortes. Mais, malheureusement, les rêves ont une fin. La toute nouvelle composition du conseil d'administration du Syndicat des énergies renouvelables (SER), tout en maintenant Jean-Louis Bal à la présidence, donne le pouvoir au lobby sous couvert d'énergies renouvelables : deux représentants d'EDF énergies nouvelles, la présidente de la Compagnie nationale du Rhône (CNR), le président d'Enel, les représentants des branches énergies renouvelables de Total, d'Areva, de General Electric, d'Alstom et de Dalkia. Toutes ces entreprises ont pour activité le nucléaire et le pétrole. Cinq administrateurs sur quinze représentent d'autres secteurs. Cela signifie très clairement que la majorité du conseil d'administration a phagocyté

1. Blog tecsol, 4 février 2011 et 28 février 2011.

le modeste contre-pouvoir qui tentait de se mettre en place.

Dès lors, la situation est assez claire : globalement, l'industrie française soutient activement le nucléaire et en tire un large profit. Encore faut-il, pour maintenir cette situation de quasi-monopole, bénéficier des connections adéquates, que l'on retrouve, ô surprise, au cœur de notre système !

# 14.

# Le noyautage politique

Les présidents de la V^e^ République ont toujours été des défenseurs inconditionnels du nucléaire. Il suffit de réentendre le discours du président Sarkozy au Tricastin, le 26 novembre 2011, se référant au « consensus » de toute la classe politique française et des syndicats, et rendant même hommage à cet égard au Président Mitterrand[1].

Le règne de Jacques Chirac fut marqué également par des pressions très fortes du lobby[2]. Rappelons que celui-ci était Premier ministre en 1986 lors de Tchernobyl et qu'il a donc, au minimum, couvert le mensonge d'État relayé par Alain Madelin, Michèle Barzach, Charles Pasqua et Alain Carignon. Il a par ailleurs relancé les essais nucléaires en 1995[3]. En tant

1. « Ce choix, ce n'est pas moi qui l'ai fait, a-t-il rappelé. (...) Il fait l'objet d'un consensus qui réunissait la gauche et la droite quelle que soit la famille politique qui était au pouvoir. (...) Ce consensus est aujourd'hui remis en cause. » Et d'ajouter : « Le nucléaire n'est ni de droite ni de gauche, il est l'intérêt supérieur de la France. »

2. *On ne peut rien faire Madame le ministre, op. cit.*

3. Malgré une très forte pression internationale, il a décidé de procéder, à l'été 1995, pour la dernière fois, à une série d'essais nucléaires à Mururoa.

que Premier ministre de 1974 à 1976, c'est aussi lui qui avait initié les coopérations dans le domaine nucléaire avec l'Iran et l'Irak, coopérations qui se révéleront lourdes de conséquences ; en tant que Président, il a affiché sa volonté de maintenir d'abord, puis de réautoriser ensuite Creys-Malville, après l'annulation du décret Balladur par le Conseil d'État.

Une fois ministre, j'ai quand même obtenu pour la première fois que des commissions qui ne soient pas uniquement composées de membres du lobby puissent traiter le cas de La Hague. Quant au redémarrage de Creys-Malville en 1997, s'il n'a pas été signé en raison de mon refus, c'est très probablement parce que la dissolution rendait impossible mon départ. Même si j'ai appris par la suite que mon successeur potentiel, écologiste notoire, avait donné son accord pour me succéder et signer. Et la période 2001-2007 ne vit aucun changement d'orientation.

Pour des raisons qui étaient sans doute plus pragmatiques que ses prédécesseurs, Nicolas Sarkozy, lui, est devenu un véritable VRP, allant même jusqu'à proposer des centrales nucléaires à Kadhafi contre l'opinion d'Anne Lauvergeon, qui a, en l'espèce, montré sa force de caractère. L'ouvrage que la journaliste Catherine Graciet[1] consacre aux rapports entre Sarkozy et Kadhafi souligne ces liaisons dangereuses. Si l'hypothèse d'un deal « infirmières bulgares contre nucléaire » n'est pas validée, le livre décrit des réseaux bien sombres. Se référant à Anne

1. Catherine Graciet, *Sarkozy Kadhafi, histoire secrète d'une trahison*, Le Seuil, 2013.

Lauvergeon[1], l'auteure décrit le système dit à front renversé : « Normalement, c'est l'entreprise qui est mercantile et c'est l'État qui est raisonnable. Ce fut l'inverse. Ainsi, Claude Guéant, dans ses derniers jours en tant que secrétaire général de l'Élysée, chargea Henri Proglio de s'en occuper à l'été 2010. Anne Lauvergeon accuse Claude Guéant, Henri Proglio et Nicolas Sarkozy d'avoir promu le nucléaire low cost. »

Quant au président Giscard d'Estaing, pourtant adversaire du gaullisme, il s'est révélé un défenseur tout aussi acharné du nucléaire, avant, pendant et après sa présidence. Il était intervenu, sans Pompidou et déjà du temps du Général, en faveur de la solution du réacteur à eau pressurisée et de Framatome Creusot-Loire[2] qui détient le brevet desdits réacteurs. Le cousin du Président, Jacques Giscard d'Estaing, était directeur, en 1975, de la Somair (la Société des mines de l'Aïr) au Niger, et administrateur de la Comuf (Compagnie des mines d'uranium de Franceville) au Gabon. Quant à Philippe, frère de Jacques, il était administrateur de Thomson-CSF, qui travaille pour le nucléaire. Même si on peut admettre que ses motivations aient pu être d'une autre nature, on ne peut que s'interroger sur les raisons pour lesquelles il est devenu, au cours des années 2000, un des adversaires les plus acharnés de l'éolien et un des défenseurs les plus zélés de la filière.

Curieusement, le président Mitterrand, malgré les engagements pris durant la campagne, a poursuivi

1. *Anne Lauvergeon : une femme qui résiste*, Plon, 2012.

2. La famille de Giscard d'Estaing a des intérêts dans Creusot-Loire-Jeumont-Schneider.

le programme initial. Un documentaire sur l'histoire du nucléaire en France démontre très clairement sa volonté de poursuivre sans sourciller le programme prévu[1].

Quant au président Hollande, s'il a réaffirmé sa volonté de réduire la part du nucléaire dans le bouquet énergétique à 50 % d'ici à 2025, la question qui se pose est celle de savoir si le président de la République parviendra à fermer Fessenheim en 2016 comme il s'y est engagé. On peut en douter[2].

Autrement dit, jusqu'à ce jour, aucun des présidents de la République n'a manqué de souscrire à ce pacte infernal. Il est vrai qu'au sein des cabinets, des hommes de l'ombre ont toujours veillé scrupuleusement au maintien de celui-ci. Ainsi, sous Pompidou, Jean-François Saglio, X-Mines, est entré comme membre de l'Institut de protection et de sûreté nucléaire (IPSN). Il dirigera le CEA industrie de 1992 à 1994 avant de prendre la direction de l'Institut français de l'environnement entre 1995 et 1998. Au cabinet de Jacques Chaban-Delmas, on trouve François de Wissocq, le futur directeur général de l'énergie et des mines puis président de la Cogema. Gilles Ménage, aujourd'hui président de la fondation François Mitterrand a été, pendant onze ans, de 1981 à 1992, l'un des plus proches collaborateurs du Président et, de 1992 à 1995, président d'EDF, membre du CEA, du conseil consultatif de

1. Voir « Nucléaire, exception française (2013) », documentaire France 5, 28 septembre 2013.

2. *Libération*, 21 septembre 2013. Le projet de loi sur la transition énergétique confirme ce constat.

la Banque de France et président du Holding EDF International, puis chargé par le gouvernement français, en 1995, d'une mission portant sur le développement des relations énergétiques, industrielles et économiques avec les pays de la Péninsule arabique. Enfin, Anne Lauvergeon, dénommée Atomic Anne, fut sherpa[1] du président Mitterrand avant de devenir la patronne d'Areva et de continuer à défendre activement la filière[2].

## *Les ministres*

Sous le général de Gaulle, Robert Galley, grand résistant qui avait lancé, dès 1957, le programme nucléaire, sera ministre de façon ininterrompue, occupant des postes en rapport avec le nucléaire, la recherche, l'industrie, la coopération, la défense. Lors de la présidence de Valéry Giscard d'Estaing, les concepteurs et acteurs du nucléaire en France seront à la tête des ministères clés : André Giraud, administrateur général délégué du gouvernement auprès du CEA, ainsi qu'administrateur d'EDF de 1970 à 1978 et président de la Cogema de 1976 à 1978 (on lui doit notamment Superphénix), est ministre de l'Industrie entre 1978 et 1981.

1. Terme signifiant conseiller et envoyé du Président pour les affaires internationales.

2. Voir le recadrage musclé du président de la République en décembre 2013 après les déclarations d'Anne Lauvergeon sur l'abandon de l'objectif de 50 % de nucléaire en 2025. En effet, en décembre 2013, elle avait affirmé que l'objectif du Président n'était pas « réaliste ».

Le premier gouvernement socialiste comptait dans ses rangs des pro-nucléaires convaincus : Michel Rocard au Plan, Charles Hernu aux Armées, Jean-Pierre Chevènement à la Recherche, Pierre Joxe à l'Industrie. Ce n'est guère surprenant. Dès 1976, Charles Hernu, Robert Pontillon, Jean-Pierre Chevènement, Didier Mochtane et Lionel Jospin achèvent, au fil de motions internes aux tournures plutôt floues, de convertir le PS au nucléaire militaire, puis au volet civil[1]. Édith Cresson fit, comme Premier ministre, voter la loi Bataille sur les déchets nucléaires et supprimer, comme commissaire européen, 655 millions de francs budgétés pour les énergies renouvelables[2].

Quant à la présidence Sarkozy, elle a été marquée par une défense jusqu'à l'absurde du système. Il suffit de se rappeler Jean-Louis Borloo, très lié à Henri Proglio ; François Baroin, maire de Troyes, préfecture d'un département du nucléaire ; Luc Chatel, pour qui « la polémique sur le nucléaire est indécente » ; ou encore Xavier Bertrand, qui n'a pas hésité à parler de quatre cent mille emplois directs menacés en cas de sortie du nucléaire (alors qu'il n'y a que cent dix mille emplois en tout) !

Aujourd'hui, le gouvernement compte aussi de fervents partisans du nucléaire : le ministre du Budget puis de l'Intérieur, Bernard Cazeneuve ; mais aussi Arnaud Montebourg, dont le département d'origine vit largement de la filière nucléaire ; Geneviève

---

1. René Hamm, *Les atomes très crochus des socialistes et du nucléaire.*

2. L'Irlandaise Nuala Ahern et les Allemands Hiltrud Breyer et Wilfried Telkämper, élu(e)s Verts au Parlement européen ont rendu publiques ces interventions.

Fioraso, élue grenobloise qui a dirigé pendant de longues années une start-up du CEA ; Laurent Fabius, défenseur de Penly, qui souhaitait qu'un EPR y soit construit ; Sylvia Pinel, proche de Jean-Michel Baylet, élue de Golfech. Quant aux ministres de l'Écologie et de l'Énergie successifs, le moins qu'on puisse dire est qu'ils n'ont guère eu leur mot à dire. Peut-être l'arrivée de Ségolène Royal changera-t-elle la donne. Jusqu'à maintenant, lorsqu'ils s'y sont essayés, la sanction a été immédiate...

## *Les Élus*

Dans le document consacré par Greenpeace à ce sujet, figurent, avec une mention toute particulière Jean-Michel Baylet (président du Parti radical de gauche) mais aussi Patrice Prat (député du Gard) ; François Brottes (député de l'Isère) ; Christian Bataille (député du Nord) ; Delphine Bataille (sénatrice du Nord et fille du précédent) ; Didier Guillaume (sénateur de la Drôme) ; Michel Destot (député-maire de Grenoble) et Jacques Moignard (député du Tarn-et-Garonne) : ils ont tous en commun le fait d'avoir dans leur circonscription un ou plusieurs réacteurs ou des installations nucléaires importantes. La question est de savoir s'ils ont été choisis par le lobby pour être élus ou s'ils sont devenus défenseurs du nucléaire parce que cette industrie avait une importance majeure pour leur circonscription... Mais cette liste est bien loin d'épuiser le sujet.

Il y a d'abord les gardiens du temple : Claude Gatignol, Christian Kert pour l'UMP, Christian Bataille et

Jean-Yves Le Déaut pour le PS. S'y ajoutent François-Michel Gonnot, député de l'Oise et président de l'Agence nationale des déchets radioactifs (Andra), fondateur du club pro-nucléaire Énergie et développement. Cette situtation ambiguë ne semble poser aucun problème, alors même qu'il paraît difficile qu'un parlementaire puisse présider une agence nationale sur laquelle le législateur est amené à se pencher. De plus, cette présidence le conduit à organiser manifestations et colloques sponsorisés par l'industrie nucléaire.

Dans le même ordre d'idées, Bruno Sido, sénateur UMP de Haute-Marne et membre du Haut Comité pour la transparence et l'information sur la sécurité nucléaire, est le chef de file de l'implantation du laboratoire de Bure. Philippe Adnot[1], sénateur de l'Aube est sur la même ligne. Patrick Ollier, qui fut président de la commission des affaires économiques et compagnon de Michèle Alliot-Marie, est également un défenseur fidèle des intérêts d'EDF. Ainsi, il fut un des détracteurs les plus farouches de l'éolien, faisant adopter un amendement pour favoriser le chauffage électrique lors du Grenelle de l'environnement.

Ensuite, il y a ceux qui montent au feu avec les « éléments de langage » du lobby. Ainsi, Anne Lauvergeon déclare au Japon au lendemain de Fukushima : « Si les Japonais avaient eu un réacteur EPR fran-

1. Venu décorer Françoise Denizet, maire de Ville-aux-Bois, évoquant la proximité des centres de déchets de l'Andra (Soulaines et Morvilliers), il a déclaré : « Il vous est arrivé un mal, quelque chose d'un peu agressif par rapport à l'environnement, et vous en avez fait un bien ! » Cité par *L'Est-Éclair*, 20 février 2012.

çais, ça ne serait jamais arrivé ! » Dans les jours qui suivent, la formule est reprise par Thomas Houdré, expert de l'Autorité de sûreté nucléaire, mais aussi par les amis d'EDF au Parlement et au-delà : Marc-Philippe Daubresse, Christian Bataille, Claude Allègre et même Henri Guaino. Quant à Jack Lang, il souligne qu'« il n'y a pas mort d'homme » et qu'il s'agit d'une « énergie pacifique, non polluante ». Il faut néanmoins, et a contrario, souligner qu'Aurélie Filippetti, Christophe Caresche, Jean-Paul Chanteguet et Géraud Guibert avaient eu le courage, au regard des positions prises par le bureau national du Parti socialiste, de publier une tribune titrée « *Sortons du nucléaire*[1] ».

Il suffit, pour mesurer le degré d'imprégnation de cet État nucléaire installé au cœur de nos institutions, d'analyser la liste des députés et sénateurs inscrits dans les groupes énergie des Assemblées. S'il n'y a rien d'illégitime à ce que les parlementaires défendent les intérêts de leur circonscription et les convictions qui sont les leurs, la situation est beaucoup plus délicate lorsqu'ils sont liés directement ou indirectement au secteur nucléaire. À ce titre, l'Office parlementaire d'évaluation des choix scientifiques et technologiques (OPECST), créé à la fin des années quatre-vingt, est un « poste avancé du lobby nucléaire. C'est un collège de scientistes convaincus que l'avenir du monde passe nécessairement par le développement de la technologie[2] » pour un élu écologiste.

1. *Le Monde*, 8 avril 2011.

2. Hélène Constanty et Vincent Nouzille, *Députés sous influences*, Fayard, 2006.

En réalité, cet office est devenu un lieu de pouvoir important où l'intérêt particulier l'emporte trop souvent sur le général. Certes, des écologistes comme Michèle Rivasi en son temps ou Denis Baupin aujourd'hui, et des personnalités sensibles aux questions environnementales, comme Chantal Jouanno, en font partie. Mais il est présidé aujourd'hui par Bruno Sido, riche exploitant agricole, président du conseil général de Haute-Marne, département abreuvé par la manne de l'Andra qui verse 30 millions d'euros par an pour pouvoir mener à bien le laboratoire souterrain de Bure. Les vice-présidents en sont Jean-Yves Le Déaut et son alter ego, Christian Bataille, les deux lobbyistes en chef du nucléaire auprès du Parti socialiste. Ces trois hommes sont les rapporteurs réguliers sur ce sujet au Parlement. S'y ajoutent Roland Courteau, sénateur PS de l'Aude, qui cumule les fonctions de membre du Haut Comité pour la transparence et la sécurité en matière nucléaire, membre du Conseil supérieur de l'énergie et membre de la commission énergie au Centre d'analyse stratégique. Anne-Yvonne Le Dain, députée et géologue de formation, propose la société du nucléaire comme modèle d'avenir[1] ; Marcel Deneux, sénateur, et Jean-Sébastien Vialatte se sont également révélés des défenseurs acharnés du nucléaire. Seule Virginie Klès adopte une position différente.

Ainsi, l'immense majorité de l'OPECST est composée de parlementaires totalement acquis à la cause du nucléaire qui s'en font les propagandistes au lieu d'ouvrir le débat. Malheureusement, l'occupation des lieux ne s'arrête pas là. Le groupe d'études sur

1. Voir un rapport de l'OPECST, 20 janvier 2014.

l'énergie à l'Assemblée nationale ou au Sénat reste un haut lieu du lobby : quatre-vingt-sept sénateurs dont trente sont des représentants quasi officiels de l'industrie nucléaire au Parlement et trois seulement sont des opposants. À l'Assemblée nationale, soixante-huit députés présentent la même configuration.

En réalité, la difficulté majeure vient de ce que, s'agissant d'élus nationaux ou locaux, la manne financière déversée sur des territoires souvent gangrenés par le chômage comme la Haute-Marne, la Meuse ou le Cotentin, exclut toute liberté de choix. La description qu'a faite à cet égard Greenpeace de la situation de Jean-Michel Baylet est tout à fait caractéristique. En tout cas, leur efficacité est certaine. Ils ont obtenu que le futur projet de loi sur la transition énergétique soit traité non par la commission du développement durable de l'Assemblée nationale présidée par Jean-Paul Chanteguet mais par celle des affaires économiques présidée par un pro-nucléaire notoire !

Cela ne suffit pas ? Donc il existe aussi, une association des élus d'EDF et de GDF Suez, créée en 1992, preuve qu'ils sont nombreux (trois mille membres), agents EDF, retraités ou en activité, dans les conseils municipaux. Et ils bénéficient, bien sûr, d'éléments de langage conçus avec soin par leur employeur. Pour eux, par une implantation territoriale forte[1], par ses emplois et sa contribution économique (ancienne taxe professionnelle), EDF sert les intérêts de la

1. Avec cinquante-huit réacteurs répartis en dix-neuf centrales, le parc nucléaire français est le deuxième au monde, derrière les États-Unis et devant le Japon.

nation. Et vice versa. Une sorte de General Motors à la française qui pourrait faire siens les propos attribués à Charles Erwin Wilson, qui en fut le P-DG : « Ce qui est bon pour GM est bon pour les États-Unis et vice versa. »

Si on prend l'exemple du Cotentin, où le secteur nucléaire (civil et militaire) représente 13 % de l'emploi de la région, les retombées fiscales sont énormes : 55 millions d'euros payés par EDF, 86 millions par Areva, soit, selon un élu, « la moitié de la taxe professionnelle du département de la Manche ». Les communes ne sont pas les dernières servies. Ainsi, le président de la communauté de communes de La Hague, Michel Canoville, précise : « Des crédits spécifiques sont aussi attribués en fonction du nombre de salariés du nucléaire qui vivent dans une commune. » Le maire de la commune de Beaumont-Hague, de mille cinq cents habitants, reconnaît disposer d'équipements d'une ville de vingt mille habitants. Diélette, commune qui accueille pour partie la centrale nucléaire de Flamanville, s'est offert un port pour 32 millions d'euros, l'équivalent de 5 kilomètres d'autoroutes, entièrement financés par EDF. Et ce ne sont que quelques exemples.

Évidemment, lorsqu'il convient de demander l'avis d'une commune sur une extension ou une modification d'une centrale, ou encore de faire passer des lignes électriques à très haute tension, c'est beaucoup plus facile lorsque le maire est un ancien ou actuel salarié d'EDF ! Ce n'est sûrement qu'un hasard, mais les élus qui avaient été, dans les années quatre-vingt, les principaux opposants à l'installation des centrales nucléaires ont tous été remplacés par des maires beaucoup plus compréhensifs. Il faut dire que le reversement de la taxe professionnelle y est pour beaucoup.

## *Les partis*

Enfin, il faut parler des partis, qui sont souvent les laboratoires des idées de demain. Ils ont tous soutenu la cause, droite, centre et gauche confondus. Une mention à part pour le parti communiste dont le lien avec le nucléaire commence avec Frédéric et Irène Joliot-Curie, membres du parti. Frédéric Joliot-Curie fut le premier délégué général du CEA juste après la guerre. Mais cinq ministres communistes figuraient également dans les deux premiers gouvernements de Gaulle. Le soutien sans faille du parti communiste et de la CGT au nucléaire civil s'explique sans doute par des raisons idéologiques. Mais pas seulement : il convient en effet de rappeler que le comité d'entreprise d'EDF perçoit 1 % du chiffre d'affaires, ce qui représente des sommes absolument colossales. Cet avantage hors du commun a été consenti par Marcel Paul, ministre de la Production industrielle, qui l'a négocié dans le cadre de la loi de nationalisation de l'électricité et de la création d'EDF en 1946. Depuis 2007, la Cour des comptes dénonce, chaque année ou presque, la gestion opaque faite par les syndicats, et notamment la CGT, de ce trésor[1].

1. Parallèlement, une enquête avait été ouverte en 2004 pour marchés passés sans appels d'offres, emplois fictifs et recours à des sociétés proches du parti communiste. Une ordonnance du juge d'instruction Jean-Marie d'Huy, prise en août 2012, renvoie en cor-

Le nucléaire a noyauté le système, mais une fois encore, le système en a tiré un tel profit qu'il a accepté de vendre son âme pour en retirer les avantages consentis. Or, quand tout le monde pense la même chose, plus personne ne pense rien. Qui mieux que les « faiseurs d'opinion » peut permettre une telle abdication devant l'inacceptable ?

---

rectionnelle une dizaine de personnalités proches du parti communiste et administrateurs de la caisse centrale d'activités sociales d'EDF-GDF, de l'institut de formation, des organisateurs de la fête de *L'Humanité*, de l'Iforep et de la CGT fédération énergie pour détournement de fonds, abus de confiance, recel, faux et usage de faux, complicité… Il ne semble pas que l'affaire ait été jugée depuis lors…

# 15.

# Les sociétés d'influence

Le premier problème dans le traitement médiatique du nucléaire est le diktat de l'immédiateté dans la fabrique de l'information : une actualité en chasse une autre. Il n'est pas facile d'assurer le suivi d'un sujet comme celui du nucléaire dans les rédactions, dans la mesure où il s'avère complexe, et n'est finalement bien compris que par une petite frange du lectorat, capable de dépasser les vérités toutes faites émises par le lobby. En réalité, les journalistes scientifiques sceptiques sont bien peu nombreux dans les rédactions.

Ainsi, le quotidien *Libération* fait la part belle aux articles de Sylvestre Huet, son principal journaliste scientifique, plutôt qu'à ceux de Laure Noualhat, journaliste environnement : « Sylvestre Huet s'avère très pro-nucléaire, voire scientiste, il contribue à la protection de l'industrie et à minimiser les risques », confirme une militante de Sortir du nucléaire. Et en effet, le quotidien entretient des relations pour le moins ambiguës avec le nucléaire, puisque dans son conseil de surveillance a siégé un temps l'ex-patronne d'Areva, Anne Lauvergeon (qui l'a quitté en février 2014).

Le cas *Libération* n'est pas isolé dans les médias. Au *Monde*, le journaliste Hervé Kempf, très antinucléaire, a été prié de se consacrer plutôt à la couverture du projet de l'aéroport Notre-Dame-des-Landes. Les pages planète ont disparu, le sujet est traité par Pierre Le Hir, de manière objective mais rarement. Il est inutile de parler du *Figaro* ou des *Échos*, largement acquis à la défense du nucléaire.

Les journalistes scientifiques s'expriment également dans les radios et télévisions où, à quelques exceptions près (France Inter, France Info), ils traitent du sujet à la place de leurs confrères spécialisés dans l'environnement ou la santé. C'est évidemment leur droit le plus strict, mais l'objectivité n'est pas toujours au rendez- vous. Elle ne l'est pas davantage lorsque le sujet est traité sous l'angle économique ou même politique. De plus, des voyages organisés pour vanter le mérite des centrales et leur construction au bout du monde donnent lieu à des articles rarement critiques. Enfin, malgré la Charte de Munich qui l'interdit, certaines prestations rémunérées sont fournies par des journalistes en participant à des manifestations et autres conférences organisées pour valoriser le nucléaire.

Ceci explique qu'en réalité, très peu d'informations sont données et souvent elles viennent de l'étranger lorsqu'il s'agit de centrales frontalières en particulier. Les sceptiques envers le nucléaire sont présentés comme des activistes, des personnes illégitimes alors que le plus souvent les informations données sont confirmées. Mais les conférences de presse sont désertées par les grands médias souvent.

Ainsi, un an après Fukhushima, le 11 mars 2012, une chaîne humaine de soixante mille personnes a été organisée de Lyon à Avignon. Aucun journal télévisé n'a repris l'information, à part une fugitive séquence sur TF1, et sur France 3 région. Des manifestations ont lieu toutes les semaines au Japon, des millions de personnes ont encerclé le Parlement japonais, mais cet événement n'a pas été davantage couvert. De la même manière, lors de l'incident de Flamanville, qui a concerné une fuite radioactive sur le réacteur numéro 1, seuls trois journaux (*La Tribune*, désormais privée des publicités d'EDF, *Le Nouvel Observateur* et *Le Canard enchaîné*, en ont parlé[1]). Et parfois, la présentation qui est faite des sujets frise la désinformation[2]. Une petite vidéo faite par TF1 sur Fukushima présente une animation 3D, qui laisse supposer que l'arrosage par hélicoptère permettrait de refroidir le cœur du réacteur[3]. C'est faux.

Certaines revues d'influence dans le monde scientifique ont par ailleurs une transparence et une objectivité toutes relatives. Ainsi, la revue *La Recherche*, qui couvre l'actualité scientifique, a été créée en 1946 sous le nom d'*Atomes*. Elle est aujourd'hui éditée par Sophia Publications, filiale de la Financière Tallandier, elle-même filiale d'Artémis, holding de

---

1. http://www.usinenouvelle.com/article/fuite-radioactive-sur-le-reacteur-n-1-de-flamanville.N184919

2. http://zebuzzeo.blogspot.fr/2012/10/le-tabou-du-corium-de-fukushima-bien.html

3. Or, si l'enceinte en béton est intacte (ce qui apparaît dans l'animation), l'eau ne peut pas arriver dans le réacteur. Quant au pompage de l'eau, chacun sait qu'il n'a pu être entrepris que de longues heures après la fusion du réacteur.

la famille Pinault. Même si cette revue traite effectivement de tous les sujets scientifiques, il ne faut guère s'étonner de l'intérêt tout particulier qu'elle manifeste pour l'aventure atomique. Ce traitement souvent déformé ne s'explique pas seulement par des considérations d'ordre général.

Le poids d'EDF comme d'Areva dans les médias est considérable en tant qu'annonceur. La publicité directe dans les journaux est très importante, surtout en ces temps de grandes difficultés financières pour l'ensemble du secteur. En novembre 2013, deux pages entières ont été achetées par EDF dans *Le Parisien* où l'entreprise prétend « rester le leader mondial de la production d'électricité verte ». On croit rêver ! Ce n'est même plus du publi-reportage. C'est de la propagande. Quant aux campagnes de publicité d'Areva en 2008, elles avaient donné lieu à plusieurs saisines de l'Autorité de régulation des professionnels de la publicité (ARPP). Le tollé provoqué par la campagne baptisée l'« énergie au propre » avait contraint Areva à suspendre sa publicité. Plus grave, une série de messages publiés dans la presse à destination de la jeunesse sans aucune mention « publicité » ou « communiqué » traduisait une stratégie pour « former » la jeunesse. La former, vraiment ? En témoignent une série d'encarts publicitaires d'Areva publiés en 2009 dans *Science et Vie junior*, *Mon Quotidien*, et *Les Clés de l'actualité junior* qui, si l'on en croit *Le Canard enchaîné*, auraient rapporté aux trois magazines plus de 120 000 euros. Quoi qu'il en soit, le jury de déontologie de la publicité condamnera Areva pour cette pratique. Si les cas de pressions exercées par le lobby sur la presse sont légion, ils ne peuvent généralement pas être prouvés.

Le poids des annonceurs a évidemment des conséquences. Une affaire a fait couler beaucoup d'encre : en novembre 2011, EDF, mécontent d'un article de *La Tribune* évoquant l'abandon de futurs projets de réacteur nucléaire EPR, a décidé du jour au lendemain de retirer ses publicités dans le journal jusqu'à la fin de l'année. L'information est d'abord démentie par EDF, qui affirme que rien n'a été décidé, sur son compte Twitter : « Aucune décision prise de retirer budget pub, partenaire de longue date et 300 000 euros d'espaces achetés en 2011. » Mais en réalité, c'est l'agence Euro RSCG qui aurait appelé la rédaction pour l'informer du retrait du contrat. Ce point est lui aussi fermement démenti par l'agence. Si elle le dit...

## *Les think tanks*

Les annonceurs et la presse ne sont pas seuls ! En effet, les think tanks jouent un rôle croissant dans la diffusion des idées, l'organisation des débats et le formatage de l'opinion publique. Cela n'a pas échappé à notre État nucléaire.

La fondation Concorde, qui affirme regrouper deux mille cinq cents personnes, est présidée par un professeur d'économie, Michel Rousseau. Ce think tank qui se présente comme celui de la droite modérée est en réalité très libéral. Ses prises de position sur la transition énergétique sont sans aucune ambiguïté et ne donnent comme alternative au nucléaire que le charbon.

L'Institut Montaigne, créé en 2000 par Claude Bébéar, X et ancien patron d'Axa, est financé par de nombreuses entreprises... dont Areva. L'Institut a pris une part très active en faveur du nucléaire et contre les éoliennes dans un rapport retentissant[1] dont l'Agence de développement et de maîtrise de l'énergie (ADEME) avait à l'époque dénoncé le caractère parfaitement erroné.

L'Institut de l'entreprise est un autre organisme de réflexion dont le président d'honneur est l'énarque Michel Pébereau, ancien patron de BNP Paribas. Il rassemble plus d'une centaine d'adhérents (des grandes entreprises, des établissements d'enseignement supérieur et des syndicats professionnels) pour « contribuer à alimenter la réflexion des chefs d'entreprise sur les enjeux économiques et sociaux et promouvoir auprès du plus grand nombre l'idée que l'entreprise joue un rôle fondamentalement positif dans la société ».

Terra Nova est un groupe, proche du PS, qui compte parmi ses mécènes Areva, EDF, GDF Suez et ERDF ! Michel Rocard y joue un rôle important en tant que président du conseil scientifique. Une fois encore, la difficulté n'est pas que des think tanks défendent le nucléaire ; elle vient du manque de débat au sein de ces organismes et surtout de l'absence d'autres centres de réflexion dont le poids dans l'opinion publique pourrait être équivalent.

Enfin, la Fondation pour l'innovation politique, ou Fondapol, est un cercle de réflexion créé en 2004

1. « Nouveau souffle ou vent de folie », juillet 2008.

avec le soutien de l'UMP au départ (dont elle s'est affranchie depuis). Elle est dirigée par Dominique Reynié depuis 2008. Son président d'honneur est Jérôme Monod, énarque proche de Jacques Chirac. Son conseil de surveillance est présidé par Nicolas Bazire, ancien directeur de cabinet d'Édouard Balladur et partisan affiché de la filière nucléaire. Dans le comité scientifique siège un polytechnicien et ingénieur du Corps des Mines, Bruno Bensasson, qui a d'abord été chef de la division des installations nucléaires en Basse-Normandie, puis directeur de cabinet du directeur général de la sûreté nucléaire et de la radioprotection avant d'intégrer GDF Suez. La position de ce think tank est à peine plus nuancée que celles qui précèdent : s'il reconnaît le traumatisme de Fukushima, il estime que le nucléaire français doit garder toute sa place dans la production d'électricité et dans le mix énergétique, jusqu'à au moins… 2030.

### *Les experts*

Tous les personnages et organismes qui précèdent participent de ce vaste monde des experts auxquels les médias ont systématiquement recours dès lors qu'il s'agit d'un sujet controversé. Mais ce système se heurte à deux perversions majeures.

La première est la prétendue indépendance des experts désignés. Un exemple valant mille mots, le cas de Francis Sorin est patent. Présenté comme « directeur du pôle information de la Société française d'Énergie nucléaire (SFEN) », il semble pouvoir défendre la neutralité que l'on est en droit d'attendre d'une société savante. Il n'en est absolument rien puisque la SFEN est une filiale associative du lobby. Ce cas n'est pas isolé : un scientifique qui conseille EDF ou Areva ne se présentera jamais comme tel, mais comme professeur.

La seconde perversion consiste en la manière dont le débat est orienté. L'aspect scientifique n'est qu'une facette du sujet, facette qui permet d'écarter du débat les questions qui fâchent. De plus, même dans le cas où deux points de vue sont présentés, les médias opposent le plus souvent un scientifique « qui sait » à un « activiste » ou une personne « engagée » qui, elle, ne sait pas et n'est pas objective. Le débat est donc faussé à la base.

Il existe également des organismes présentés comme des organismes d'experts. Il en va ainsi du centre d'étude sur l'évaluation de la protection dans le domaine nucléaire (CEPN), association à but non lucratif fondée en 1976 pour évaluer la protection de l'homme contre les dangers des rayonnements ionisants. Il comprend aujourd'hui quatre membres : EDF, Areva, l'Institut de radioprotection et de sûreté nucléaire (IRSN) et le Commissariat à l'énergie atomique et aux énergies alternatives (CEA). Certes, personne ne doutera que l'objectif affiché du CEPN soit de « promouvoir la protection des travailleurs et du public contre les effets pathologiques des rayonnements ionisants ». Il s'agit en réalité, pour les industriels, d'occuper le terrain et de produire des études minorant les risques plutôt que de laisser le champ libre à des chercheurs indépendants. On retrouve ici une constante du monde industriel de la pollution[1] : contrôler la recherche est un élément clé pour assurer le développement d'une industrie à risque. Le CEPN est ainsi financé par l'État, ainsi que l'Union européenne et l'ONU, l'industrie ne supportant que 30 % du coût. Chargée d'évaluer les dégâts radiologiques de la contamination post-Tchernobyl en Biélorussie, l'association parviendra à étouffer purement et simplement les conclusions des chercheurs locaux, comme le professeur Nesterenko, qui mettaient en lumière des taux anormaux de contamination.

Ce panorama permet de comprendre comment les sources principales d'information des Français, les experts qui leur sont présentés – presse, think tanks et experts – se renvoient la balle pour défendre un modèle unique qui ne souffre aucune contestation, sauf celle de marginaux, d'ignorants, d'attardés, d'antiscientifiques, anti-progrès voire, insulte suprême, de « bobos » !

---

1. Voir sur ce point les remarquables ouvrages de Stéphane Foucart, *La fabrique du mensonge, op. cit.*, et Naomi Oreskes et Erik M. Conway, *Les Marchands de doute*, Éditions le Pommier, 2012.

# 16.

# Des académiciens aux idées mortelles

Le nucléaire est par définition le symbole du progrès en action. La fameuse formule, chère à Nicolas Sarkozy, « le nucléaire ou la bougie », traduit la foi absolue dans une technologie dangereuse dont les risques sont pourtant connus. Il n'est donc pas surprenant que les scientifiques soient, en général, de fervents défenseurs de l'industrie. Ce qui en revanche est beaucoup plus curieux, c'est le soutien des milieux académiques médicaux. Sans doute, la médecine utilise-t-elle à des fins thérapeutiques on ne peut plus légitimes la radioactivité. Mais l'Académie de médecine refuse de reconnaître la simple existence du risque radioactif. Pourtant, ses sinistres antécédents devraient lui servir de leçon : amiante, PCB, pesticides, fumées noires, et, à venir, ondes électromagnétiques, OGM, etc.

En France, l'Académie bénéficie d'un respect et d'une légitimité dus à l'âge de l'institution et à la grande qualité d'un certain nombre de personnes qui y siègent. C'est la raison pour laquelle on aurait attendu de ses membres sinon de la sagesse, au moins de l'honnêteté. S'agissant du nucléaire, on en est très loin.

À sa décharge, l'exemple du mélange des genres est venu d'en haut. La soumission de l'Organisation mondiale de la santé (OMS) à l'Agence internationale de l'énergie atomique (AIEA) dès 1957 sonnait le glas de toute protection réelle des populations contre le risque nucléaire. En effet, en interdisant à la première de fournir quelque information que ce soit sans l'accord préalable de la seconde, la priorité de protection des populations devint secondaire.

Dans cette logique, la France s'est révélée être une championne toutes catégories. Le Service central de protection contre les rayonnements ionisants (SCPRI) au sein du ministère de la Santé est entré dans l'Histoire, mais pour de mauvaises raisons. Son président, feu le professeur Pierre Pellerin, a véhiculé l'idée du nuage de Tchernobyl s'arrêtant aux frontières. La première carte de contamination des sols ne sera diffusée que le 10 mai 1986 (soit quatorze jours après l'explosion), la France ne prenant aucune mesure préventive, contrairement à l'Allemagne ou l'Italie. Pourtant, dès le 28 avril 1986, des mesures anormales de radioactivité étaient constatées dans différents centres du CEA et dans les centrales nucléaires. Des consignes pour débrancher les systèmes d'alerte de la radioactivité dans les casernes de pompiers avaient été données par le ministère de l'Intérieur, pour éviter le déclenchement des sirènes. Rue d'Ulm, à l'École normale supérieure, la teneur en césium 137 dépasse de un million de fois le niveau habituel. Pendant ce temps, le SCPRI se réjouissait que la France « soit miraculeusement » épargnée par les retombées de Tchernobyl !

Malheureusement, la procédure courageuse engagée à la suite d'une plainte par la juge d'instruction Bertella-Geffroy, qui donnera lieu à une mise en examen de Pierre Pellerin pour diffusion de fausses nouvelles, sera cassée par la chambre d'instruction. Mais le scandale ne s'arrête pas à la médecine d'État du professeur Pellerin. Le mélange des genres entre médecine et industrie nucléaire est parfaitement caractérisé par la carrière du professeur Tubiana, qui vient de disparaître. Ce membre éminent de l'Académie de médecine, cancérologue réputé, va jouer un rôle considérable pour nier tout risque lié à l'énergie nucléaire.

Docteur en médecine et en physique, il met au point avec Frédéric Joliot-Curie le premier appareil de télécobalthérapie pour lutter contre le cancer. Il crée et dirige l'école française de radiologie, remportant, grâce à ces appareils, des victoires cliniques qui le placent au premier rang thérapeutique mondial contre le cancer. Il joue alors un rôle important en tant qu'expert nommé à l'OMS en 1957 puis à l'Agence internationale de l'énergie en 1960. Il fut également membre puis président de l'Académie de médecine et de l'Agence internationale pour la recherche sur le cancer. Sans parler de son élection à l'Académie des sciences. Mais il fut aussi président fondateur du comité scientifique et éthique d'Areva, président des comités scientifiques de l'AIEA, membre de la commission scientifique et technique de l'Euratom (1968-1972), et il a présidé la Société française d'énergie nucléaire (SFEN), outil scientifique du lobby. Cerise sur le gâteau, ce pro-nucléaire convaincu a présidé entre 1990 et 1993 le Conseil supérieur de la sûreté et de l'information nucléaire, chargé de garantir une parfaite information, complète et objective, du public !

Ainsi, lors du passage du nuage de Tchernobyl sur la France, il avait déclaré que l'exposition des Français équivalait à avoir fumé une cigarette tous les dix ans. Je peux témoigner qu'en 1996, lorsqu'il s'est agi d'introduire en France les nouvelles normes de radioprotection plus protectrices des populations et des salariés, mon adversaire principal fut Maurice Tubiana. Comment comprendre cela de la part d'un médecin ? Intervenant à la conférence internationale sur les accidents nucléaires et le futur de l'énergie, en 1991, à Paris, il reconnaît moins de cinquante morts du fait de Tchernobyl !

Des exemples multiples pourraient être donnés des conditions dans lesquelles l'Académie de médecine a rendu des avis et des rapports dans lesquels la santé des populations n'était vraiment pas la priorité. Ainsi, en 2007, une étude de Florent de Vathaire[1] établissait une augmentation des cancers de la thyroïde dans les populations civiles de Polynésie exposées aux retombées radioactives. Le rapport adopté par l'Académie de médecine et des sciences, présidée

1. Florent de Vathaire est un épidémiologiste qui a dirigé l'unité Inserm 605 « Épidémiologie du cancer : radiocarcinogénèse et effets iatrogéniques des traitements anticancéreux » de 2004 à 2009. Il est actuellement le directeur de l'équipe 3 « Épidémiologie des radiations » qui appartient au Centre de recherche en épidémiologie et santé des populations, créé le 1er janvier 2010.

par Maurice Tubiana et André Aurengo, rejetait ces conclusions en refusant de se prononcer sur le fond et sur le risque sanitaire au motif que la méthodologie n'était pas significative.

Mieux encore, dans un avis de 2003, l'Académie française de médecine recommande à la quasi-unanimité de privilégier la filière nucléaire pour la fourniture d'énergie. Très franchement, on reste perplexe. En quoi l'Académie de médecine se permet-elle de donner un avis sur un choix énergétique ? Les médecins estiment en effet que « les filières énergétiques ne présentent pas toutes les mêmes risques pour la santé », qu'il y a « urgence » à réduire la production de gaz à effet de serre, et qu'il est « important pour la santé publique que les choix énergétiques entraînent le moins de risques de rupture », le risque le plus grave pour la santé étant de manquer d'énergie.

Pour l'Académie de médecine, le maintien de la filière nucléaire est donc justifié, « dans la mesure où elle s'avère avoir le plus faible impact sur la santé par kilowatt produit par rapport aux filières utilisant des combustibles fossiles, les biomasses ou l'incinération des déchets (...) ou même les énergies éolienne et photovoltaïque ». Il est incroyable de voir l'Académie se contredire à ce point, puisqu'elle considère que le nucléaire pose moins de problèmes en termes sanitaires que l'incinération des déchets, filière pour laquelle un rapport de 1993, aujourd'hui introuvable, considérait qu'elle ne posait alors aucun problème.

Auparavant, le professeur Tubiana, toujours lui, avait fait adopter par l'Académie de médecine, le 4 décembre 2001, un rapport, intitulé « Irradiation médicale, déchets, désinformation », pour soutenir l'absence d'effets sanitaires de Tchernobyl, mis à part une dizaine de cas de décès par leucémies. Il suffit de se reporter tout simplement au rapport présenté par l'Ukraine en 2011 pour constater que 95 % des enfants ukrainiens d'aujourd'hui ont subi des retombées plus ou moins graves après Tchernobyl !

L'ascendant de Maurice Tubiana au sein de l'Académie de médecine est alors considérable. Il est soutenu par André Aurengo, ancien élève de l'École polytechnique, docteur ès sciences physiques, chef du service de médecine nucléaire du groupe hospitalier Pitié-Salpêtrière (Paris), professeur de biophysique (faculté de médecine Pierre-et-Marie Curie). Son curriculum vitae est particulièrement impressionnant : membre de l'Académie de médecine, ancien président du Conseil supérieur d'hygiène publique de France, ancien membre du Haut Conseil de la santé publique, mais aussi… ancien administrateur d'EDF et président du conseil médical d'EDF. Que les deux principales figures de l'institution entretiennent des liens étroits avec EDF et Areva semble naturel. Tout aussi naturel est le sens des avis rendus.

Mais d'autres organismes chargés d'expertise et de veille dans le domaine de la santé publique comptent également en leur sein des représentants de l'État nucléaire. Le Conseil supérieur d'hygiène publique de France, qui a disparu en 2006 ? Il avait créé une section radioprotection coordonnée par le docteur Kiffel, spécialiste en médecine nucléaire. Le Haut Conseil de santé publique qui lui a succédé marque un réel souci de transparence mais l'Institut de radioprotection et de sûreté nucléaire (IRSN) en est membre de droit...

Ce qui est très choquant, c'est que toutes les autres technologies du futur, à commencer par le stockage de l'électricité, filière très prometteuse et dans laquelle l'Allemagne est, une fois encore, en train de prendre un leadership, sont oubliées au bénéfice du nucléaire. Cela signifie donc très clairement que l'Académie des sciences devrait être rebaptisée Académie de la science nucléaire. Au moins les choses seraient claires.

Quant à l'académie des technologies, la situation n'est guère plus brillante, mais elle, au moins, est sans équivoque et ne prétend pas défendre la santé Alain Bugat, administrateur général du CEA, en est le vice-président. Le président, Gérard Roucairol, ancien responsable de Bull, est membre du conseil scientifique de l'OPECST. Le rapport, approuvé au début de l'année 2013, défend sans limites le recours à l'énergie nucléaire et sa pérennisation. Sans doute, cette académie compte-t-elle aussi des personnalités tout à fait extérieures au lobby, mais elles interviennent dans d'autres domaines.

Après la médecine et la physique, c'est le monde académique de l'économie qui est essentiel. Là aussi, des liens avec l'industrie du nucléaire existent, notamment via les (très) nombreuses études commandées par EDF à ses vingt mille consultants. Mais, bien évidemment, au-delà des colloques et des conférences sponsorisés par EDF ou Areva, ces études ne sont pas publiques. Il est par conséquent très difficile de prouver les relations de l'un à l'autre.

Il faut dire un mot, à ce sujet, du célèbre et puissant Cercle des économistes, association proche des milieux patronaux, publiant des études très documentées qui font parler d'elles. Le Cercle organise chaque année à Aix-en-Provence des rencontres qui sont un véritable lieu de rendez-vous. Qui est chargé de les animer ? Christian Stoffaes, qui se présente comme professeur à l'université Paris II-Panthéon-Assas, ingénieur général des Mines, chef économiste du Conseil général de l'économie, de l'industrie, de l'énergie et des technologies du ministère de l'Économie, des Finances et de l'Industrie et président du Conseil d'analyse économique franco-allemand. Ce très brillant CV oublie de mentionner que Christian Stoffaes a fait toute sa carrière, certes iconoclaste, à EDF. Il ne faut donc pas s'étonner qu'il écrive au nom du Cercle une ode au nucléaire affirmant que « les renouvelables ne paraissent destinées, dans l'état actuel des connaissances technologiques, qu'à occuper une part limitée du mix énergétique[1] ». Rappelons simplement que l'Allemagne vise 30 % en 2020 et 45 % en 2035.

Quant au débat organisé en 2012, sa table ronde est résumée sous le titre « Le nucléaire est mort, vive le nucléaire ! », une anthologie à elle seule : l'accident de Fukushima n'est que la conséquence d'un tsunami, dont le directeur de l'Agence internationale de l'énergie atomique (AIEA), Yukiya Amano, rappelle qu'il ne remet aucunement en cause l'expansion nucléaire ; et dont Hans-Peter Keitel[2] relativise

1. www.lecercledeseconomistes.asso.fr/IMG/pdf/Stoffaes-RE-Aix2006.pdf

2. Président du BDI (Medef allemand).

l'impact en expliquant que la décision de sortir du nucléaire avait été prise il y a dix ans par le gouvernement Schröder. Enfin, le président du directoire d'Areva, Luc Oursel, se montre très sceptique sur le renouvelable, affirmant que « même l'Arabie Saoudite va lancer un plan nucléaire dès 2013 ». Le moins qu'on puisse dire est que le débat tourne en rond, ce qui paraît normal pour le cercle des économistes !

Un autre cercle mérite que l'on s'y arrête : celui des ingénieurs économistes, qui regroupe des ingénieurs des Ponts et des Mines (comme par hasard), intéressés par les questions économiques et ayant des expériences professionnelles diversifiées dans les domaines des entreprises, des transports, de l'urbanisme, des réseaux, ou encore de l'énergie. Ce cercle est animé par le même Christian Stoffaes, qui a publié dans ce cadre un article intitulé « Les coûts cachés des énergies renouvelables nouvelles »[1].

Enfin, il ne faut pas croire le monde universitaire étranger à ces polémiques. L'université de Dauphine compte de nombreux fidèles de l'État nucléaire, peut-être en raison du mode de financement des chaires. Ainsi, le forum de l'énergie, qui réunit chaque année des centaines de participants, est l'occasion de vanter les mérites, dans tous les domaines, du nucléaire et également du gaz de schiste, ce qui est totalement antinomique[2]. Certes, des voix un

---

1. *La Tribune*, 3 juin 2013.

2. Il faut en effet rappeler qu'aux États-Unis deux centrales nucléaires au moins sont en vente en raison du prix du gaz de schiste et de l'absence de rentabilité de ces centrales.

peu plus nuancées se font entendre. Par exemple, celle de Jean-Marie Chevalier, grand spécialiste de l'économie de l'énergie, qui se rallie malgré tout à la thèse dominante, pour des prétextes que chacun est libre d'apprécier : « Ma position sur le nucléaire, en tant qu'économiste, est la suivante : arrêter une machine qui marche et qui produit des kWh, c'est une absurdité, tant du point de vue économique que technique, ou du point de vue de la sécurité ; c'est une destruction de valeur. La décision allemande de fermeture immédiate des centrales est, à mes yeux, absurde économiquement[1]. »

Il reste, afin d'achever ce tour d'horizon de l'État nucléaire, à aller jeter un coup d'œil sur les citoyens et, plus généralement, la société civile.

1. 13 octobre 2011, chaîne énergie.

## 17.

# La société civile

La société civile s'impose de plus en plus dans le débat, ne serait-ce qu'en raison des multiples procédures de concertation. Si elles sont mises en place, c'est plus souvent pour servir d'étouffoir à la contestation que pour améliorer la prise de décision, mais c'est un autre débat. La stratégie du lobby a été très astucieuse. Elle a consisté, en s'appuyant sur des syndicats défenseurs de l'emploi dans le nucléaire, à irriguer les commissions, missions et conseils divers et à ne pas hésiter à investir le monde associatif lui-même.

### *Du côté de Bruxelles...*

On dit souvent que les Français n'ont pas su s'imposer dans les institutions communautaires. S'il est un domaine où ce n'est vraiment pas le cas, c'est celui du nucléaire justement. Le sujet n'est pas celui de la représentation légitime de la France au sein des organisations internationales comme l'AIEA ou Euratom, ni même de l'organisation que le CEA a mise en place au niveau international pour aider l'industrie nucléaire française. Mais en revanche, on trouve nos concitoyens à l'origine et/ou à la tête de la plupart des associations européennes qui militent en sa faveur, ou qui ont un rôle important dans la détermination des règles, à commencer par les organismes de contrôle.

André Claude Lacoste est à l'origine de la création, en 1997, de l'International Nuclear Regulators' Association (INRA)[1]. Il est aussi membre fondateur (1999) de la Western European Nuclear Regulators Association (WENRA), association européenne regroupant les dirigeants des autorités de sûreté nucléaire. Il est également le président de la commission des standards de sûreté à l'Agence internationale de l'énergie atomique. Tout ceci explique aussi que la France ait pu peser si lourd dans l'affaiblissement des stress tests.

Foratom est une autre association européenne qui regroupe des organismes de seize États pour faire du lobbying. Le représentant français n'est autre que la Société française d'énergie nucléaire (SFEN)... le monde est vraiment petit. Ce Forum atomique européen est une association professionnelle basée à Bruxelles. Son « objectif principal est de promouvoir l'utilisation de l'énergie nucléaire en Europe en représentant les intérêts de cet important secteur

1. Association qui regroupe les dirigeants des Autorités de sûreté nucléaire de l'Allemagne (GRS), du Canada (CCSN), de la Corée du Sud (KINS), de l'Espagne (CSN), des États-Unis (NRC), de la France (ASN), du Japon (NISA), du Royaume-Uni (ONR) et de la Suède (SSM).

industriel et multi-facettes ». L'actuel directeur est Jean-Pol Poncelet qui vient d'Areva. Ses activités sont étroitement liées à celle de la Société nucléaire européenne qui exerce ses fonctions à la même adresse. Foratom estime qu'en 2010, il a dépensé 1 971 611 euros pour le lobbying auprès de Bruxelles.

L'European Nuclear Society ? Elle a été fondée en 1975, elle fédère vingt-trois entreprises nucléaires de vingt-trois pays dans le monde entier. S'y ajoutent une soixantaine de membres représentant les principaux partenaires pour la technologie nucléaire et la recherche en Europe. Son site est un modèle de discrétion sur ses membres et ses activités.

Quant au Forum européen de l'énergie (EEF), qui regroupe de nombreux députés européens intéressés par le sujet énergétique, d'opinions diverses, c'est en réalité le relais, au sein du Parlement, des grands lobbys de l'électricité et du gaz. Ses président et vice-présidents sont tous favorables au nucléaire et aux hydrocarbures. Le directeur général est Jean-Claude Charrault qui a commencé sa carrière en 1957 au Commissariat à l'énergie atomique puis à Euratom jusqu'en 1971. Entré à la direction générale de l'énergie de la Commission européenne, il a exercé les fonctions de chef de la division politique nucléaire entre 1980 et 1995, date à laquelle il est entré... au Forum européen de l'énergie.

Enfin, on peut citer the World Council of Nuclear Workers (WONUC), ONG sise à Paris qui réunit des associations de syndicats et autres professionnels du nucléaire. Le président en est Philippe Auzière, salarié d'Areva.

Mais d'autres partenaires renforcent encore, si c'est possible, l'emprise des nucléocrates sur le pouvoir.

### *Les syndicats*

Depuis l'origine, les syndicats ont marqué leur soutien à la filière nucléaire, à l'exception, pendant un temps, de la CFDT, dans les années quatre-vingt. Sa position est aujourd'hui beaucoup plus nuancée. Ce n'est pas le cas de la CGT, qui a toujours soutenu très activement ce choix, tout comme le parti communiste. Ce n'est donc pas un hasard si la CGT-EDF joue elle-même un rôle majeur au sein de la fédération énergie de la CGT. Ce poids s'est exprimé clairement lors du débat sur la transition énergétique[1]. Ce n'est pas davantage un hasard si la secrétaire générale de la CGT mine énergie vient d'EDF.

FO, moins connue sur le plan historique dans son rôle de gardien du temple, n'en a pas moins pris une position très conservatrice de préservation de la filière et d'exploitation des gaz de schiste. Là aussi, le poids des salariés d'EDF est considérable. Non seulement celui des salariés d'EDF et d'Areva, mais aussi de tous les salariés dépendants de l'industrie du nucléaire (ingénierie, travaux publics, chaudières,

1. Ainsi, lors du débat national sur la transition énergétique, Marie-Claire Cailleteau, membre de la fédération énergie aurait, selon *Le Moniteur*, obtenu que soit faite la remarque de l'incompatibilité entre l'objectif de réduction de 50 % des émissions de carbone et l'objectif de réindustrialisation affirmé par le gouvernement.

turbines, etc.). Un peuple du nucléaire, en somme, cols blancs et cols bleus au coude à coude, avec qui tout parti politique doit aujourd'hui compter[1].

## *Le monde associatif*

La stratégie a également consisté à endosser les habits des défenseurs de l'environnement par le biais d'associations, souvent formées de retraités d'EDF ou de la Cogema, et d'utiliser l'argument environnemental pour défendre leur drapeau et attaquer les énergies renouvelables, à commencer par l'éolien. Plusieurs associations sont à cet égard très intéressantes à examiner.

Tout d'abord Sauvons le climat, association qui a repris à la sauce associative l'argument du lobby selon lequel le nucléaire est une « énergie propre ». Cette association est à la base composée d'anciens d'EDF, d'Areva et du CEA. La liste des signataires du manifeste de soutien (qui compte quatre-vingt-seize personnes) est particulièrement explicite : quelques politiques engagées sans réserve en faveur du nucléaire : Roselyne Bachelot, Jean-Pierre Chevènement, Jean-Yves Le Déaut, Michel Destot, Nicolas Dupont-Aignan, Geneviève Fioraso, Michel Rocard. Des personnalités incontestables du lobby : Bertrand Barré (qui représente souvent l'industrie nucléaire sur les plateaux de télévision), Marcel Boiteux (ancien patron d'EDF), Édouard Brézin (physicien, vice-président de l'Académie des sciences), Jean-

1. Guillaume Malaurie, art. cit.

Marc Jancovici, Raymond Lévy, des académiciens, des responsables d'installation nucléaire comme le Grand Accélérateur national d'ions lourds (Ganil), et des responsables du CEA, d'Areva, de la Cogema et d'EDF. Sauvons le climat déclare être soutenu par l'Association des retraités du CEA, l'Association des écologistes pour le nucléaire (AEPN), le Mouvement national de lutte pour l'environnement (MLNE), la Société française de physique (SFP) et le GR 21[1] ! Cela ne l'empêche pas de prétendre diffuser « une information impartiale et scientifiquement fondée sur le réchauffement climatique et les questions énergétiques ».

Continuons avec la Fédération Environnement durable (FED), lobby très actif qui compte notamment parmi ses membres l'ex-président Giscard d'Estaing. Cette fédération, qui prétend regrouper sept cent quatre-vingt-huit associations, fait de la lutte contre l'éolien son cheval de bataille en privilégiant les technologies d'économie d'énergie. Elle a suscité au plan européen une association, l'European Platform Against Windfarms (Epaw) chargée de combattre les énergies renouvelables à l'échelle de l'Union. Contre l'éolien, la violence de son président, Jean-Louis Butré, président de Vent du bocage et Vent de la Vienne, est plus que surprenante. Héritière de l'association Vent de colère,

1. La Société française de physique et le Groupe de réflexion sur l'énergie nucléaire et l'environnement au XXI^e siècle (GR 21), issu de la Société française d'énergie nucléaire (SFEN), réunit des retraités du nucléaire qui veulent continuer à influer sur le débat nucléaire.

l'efficacité judiciaire de cette association est certaine puisqu'elle a attaqué une dizaine de plans régionaux climat énergie. Il serait du reste intéressant, compte tenu du coût des procédures, de savoir qui les finance. L'Epaw ne fait pas dans la dentelle. À la tête d'une véritable croisade contre l'éolien, à laquelle s'associe l'ancien président, elle n'hésite pas à évoquer « un business souvent douteux » et « le puissant lobby germano-danois » des éoliennes qui « s'attaque à la campagne française depuis la haute Auvergne jusqu'à Chartres ». Pas mal pour le rédacteur de la Constitution européenne ! On notera avec intérêt que cette association est également soutenue par le mouvement Chasse Nature Pêche Tradition, dont les conceptions écologistes sont très particulières.

C'est le type même de fausse association environnementale dont l'objectif serait la défense des paysages de manière totalement désintéressée, sans aucun rapport avec le nucléaire. Si quelqu'un avait le moindre doute, les parrains de l'association permettraient de le dissiper immédiatement. Ses « éléments de langage » ont été rendus publics par erreur : « Nous sommes écœurés, notre vie a été brisée et nos familles se déchirent », « La zizanie se développe dans notre village. » L'objectif de cette campagne de mobilisation était d'obtenir le rejet du volet éolien du projet de loi Grenelle. Le président de l'association donnait des « conseils pratiques » préalables à l'envoi d'un mail au député de sa circonscription. Éviter les mails de plus de vingt lignes, les arguments impolis, les insultes ou attaques personnelles, la mention des noms des promoteurs éoliens[1]... certes, la défense du nucléaire n'apparaît jamais directement. Mais l'objectif est bien de descendre en flèche la seule énergie capable de poser un problème au nucléaire aujourd'hui.

L'association des « écologistes pour le nucléaire » – non ce n'est pas un gag ! – a, pour sa part, été créée en 1996 par un polytechnicien, Bruno Comby. Son profil ? Ingénieur en génie nucléaire, conférencier, auteur et inventeur du « nucléaire écologique ». Selon *Le Canard enchaîné* du 23 mars 2011, il aurait passé une convention avec Framatome, au titre de l'entreprise qu'il dirigeait, en échange d'une publicité bien rémunérée sur son site et d'une retenue à l'égard de cette entreprise. La Société française d'énergie nucléaire (SFEN) classe du reste cette association parmi les organismes du côté du nucléaire. Son statut lui permet de laisser supposer qu'il existe réellement des écologistes qui défendent le nucléaire !

En réalité, de nombreuses associations à vocation environnementale deviendront des alliés plus ou moins objectifs. Ainsi, à titre d'exemple, un colloque organisé au Sénat au début du Grenelle de l'environnement par les sénateurs Pierre Laffitte et Claude Saunier et par l'Académie des technologies a pour thème « Énergies et effet de serre ». L'objectif du colloque est d'attirer l'attention des médias sur une approche rigoureuse et rationnelle des politiques de lutte contre les émissions de gaz à effet de serre. Cette approche amène à révéler les erreurs et les insuffisances de certaines solutions considérées comme « écologiquement correctes ». Il est intéressant d'énu-

1. Victor Roux-Goeken, article publié le 23 avril 2010, Rue89.

mérer les associations et institutions organisatrices. Parmi elles, on retrouve Sauvons le climat (SLC), la Société française de l'énergie nucléaire (SFEN), le Groupe de réflexion sur le XXIe siècle (GR21), l'Association des écologistes pour le nucléaire (AEPN), la Société française de physique (SFP).

En dehors de la sphère environnementale, un certain nombre d'organismes jouent incontestablement un rôle important. Dans cette catégorie, la fondation Prometheus s'est donné notamment pour but de noter les associations quant à leur gouvernance. L'objectif est louable. En réalité, il s'agit de « dézinguer », pour d'apparents motifs éthiques – et dans un parfait souci d'objectivité, bien sûr – les associations de défense de l'environnement et de la lutte antinucléaire.

Cette fondation a été créée par Bernard Carayon, député UMP du Tarn battu aux dernières élections législatives et qui se déclare spécialiste de l'intelligence économique. Farouche opposant au développement anarchique de l'éolien, ses têtes de Turc sont Transparency International[1] et Greenpeace. Une dizaine de sociétés soutiennent cette fondation parmi lesquelles Alstom pour le secteur nucléaire. Il est particulièrement intéressant de regarder le classement des ONG au regard des règles de transparence établies par la fondation. Comme par hasard, ce sont les associations antinucléaires qui sont les plus mal classées : négaWatt, Comité de recherche et d'information indépendantes sur le génie génétique

---

1. Par souci de transparence, je précise que je suis administratrice de TI France.

(Criigen), Générations futures, les Amis de la terre, fondation Sciences citoyennes, fondation Good Planet, etc. Quand on connaît la transparence des parlementaires sur la réserve et l'usage des frais de mission, ils sont effectivement particulièrement bien placés pour juger de la transparence des autres !

### *Les comités Théodule*

On terminera la visite guidée de l'État nucléaire par les missions, commissions et conseils en tous genres. Spécialité française souvent destinée à étouffer un problème trop encombrant, mais aussi à faussement débattre de grands choix déjà arrêtés, la multiplication des organismes de consultation, qui n'ont aucun pouvoir mais donnent des avis, est un moyen de porter la bonne parole et de veiller à ce qu'aucun document public ou parapublic ne puisse venir fonder une ébauche de solution alternative. Ainsi, les grandes missions dans le domaine économique ont toutes été confiées à des personnalités dont le soutien au nucléaire ne fait aucun mystère : les rapports Ricol, Gallois, Attali, Lauvergeon ont tous proposé des solutions intéressantes, mais aucun ne s'est permis de remettre en cause le dogme. La seule exception en la matière est la mission confiée par la région Nord-Pas-de-Calais à Jeremy Rifkin.

Il n'est donc pas un pan de la société française qui, au cours des quarante années qui viennent de s'écouler, n'ait pas été investi par les amis de l'atome. Il ne faut dès lors pas s'étonner qu'une sorte d'unanimisme se soit créé. Le *storytelling* de l'aventure – preuve de l'excellence française, condition d'une électricité bon marché, joyau industriel et force d'exportation – a parfaitement fonctionné, grâce à tous les relais mis en place.

Sommes-nous pour autant condamnés à rester coincés dans cet État nucléaire sourd et aveugle ?

TROISIÈME PARTIE

# LA TROISIÈME RÉVOLUTION INDUSTRIELLE

# 18.

# Trois raisons d'en finir avec le nucléaire

Aujourd'hui, trois raisons devraient inéluctablement conduire à une remise en cause de la situation actuelle.

La première d'entre elles est la mondialisation. La France ne va pas pouvoir éternellement défendre un choix unique au monde, alors que l'essentiel de l'Europe industrialisée, Grande-Bretagne mise à part, quitte le navire, que les États-Unis en font autant – puisque aucune nouvelle centrale n'est en cours de construction – et que la part de cette source d'énergie ne cesse de baisser dans la production électrique mondiale. La montée en puissance très rapide des énergies renouvelables dans les pays du Sud, les investissements massifs de la Chine, de la Corée du Sud, des pays du Moyen-Orient et d'Afrique dans les nouvelles technologies et dans leur mise en œuvre sont incomparables au regard des quelques réacteurs qui vont se construire en Chine ou en Inde et qui ne compenseront même pas la fermeture progressive des anciens réacteurs.

Cette situation explique les raisons pour lesquelles, aujourd'hui, EDF et Areva souhaitent devenir de grands acteurs des énergies renouvelables aux États-Unis notamment, sans bien sûr en faire une publicité trop considérable en France. Areva, outre un développement important dans l'éolien off-shore, entend également se placer sur le marché du solaire et de la bioénergie. Malheureusement, les résultats ne sont pas probants. Le carnet de commandes a baissé de 50 % entre 2011 et 2012 avec 844 millions d'euros, soit 10 % seulement du groupe réacteurs et services et 8 % du groupe aval du cycle[1].

La situation est comparable pour EDF, dont la branche Énergies nouvelles affiche un chiffre d'affaires de 1,4 milliard sur 39,7 milliards d'euros pour l'ensemble du groupe. Cela ne l'empêche pas de vouloir faire de son ancienne filiale, dont il a racheté les parts, un leader international de l'électricité verte. Au-delà de ses choix de départ – l'éolien et le solaire photovoltaïque –, l'entreprise travaille aujourd'hui sur toutes les filières d'énergies renouvelables au Moyen-Orient, en Afrique du Sud, aux États-Unis et en Europe de l'Est.

Dès lors, rien n'empêche EDF et Areva d'être réellement les leaders qu'ils prétendent mais ne sont pas encore, dans ce domaine. Le problème est que dans la mesure où la devanture que constitue leur politique en France reste nucléaire, il est très dif-

1. Soit à comparer à 8,3 milliards pour le Business Group de réacteurs et services dans lequel le chiffre d'affaires nouvelles constructions est modeste (722 millions d'euros et concernent des EPR en cours), et à 6 milliards pour le Business Group aval du cycle dans lequel l'essentiel concerne la logistique et la fabrication du combustible, le recyclage ne représentant plus que 1,7 milliard d'euros.

ficile, sinon impossible, de se donner une image différente ailleurs. En quelque sorte, le choix imposé à la France se retourne contre elle-même.

À cette contradiction s'ajoute une position intenable au niveau communautaire. La France a pris l'engagement de produire 23 % d'énergie renouvelable d'ici à 2020[1]. Même si elle se bat aujourd'hui, sous la pression du lobby, pour essayer d'éviter qu'un objectif semblable soit fixé pour 2030[2], celui de 2020 demeure. Ne pas le satisfaire entraînerait en réalité une double peine : nous serions en retard sur le plan industriel, et nous paierions deux fois – une fois avec un kilowatt-heure appelé à être de plus en plus cher[3], et deux fois avec des sanctions financières pour non-respect de nos engagements. Quel succès ! Et il est évident que cette qualité de mauvais voire de très mauvais élève renforce encore la difficulté à l'international pour les champions nationaux. Le système risque donc de devenir contre-productif pour ses promoteurs eux-mêmes.

La seconde raison d'en finir avec le nucléaire est d'ordre financier. Le système des prix et subventions est en profonde mutation, en France comme

1. Et le projet de loi sur la transition énergétique va encore plus loin en prévoyant 40 % de renouvelable en 2030 et 32 % dans le bouquet global. Mais aucune contrainte pour autant n'est prévue afin d'y parvenir.

2. Cette solution permettrait d'atteindre l'objectif de réduction de gaz à effet de serre avec du nucléaire et non, comme nos voisins, avec du renouvelable et de l'efficacité énergétique.

3. N'oublions pas que le prix actuel n'est bas – quoique – que parce que les taxes sont très faibles. Mais la hausse inéluctable du prix de revient nucléaire va impacter le prix de vente.

en Europe. Les tarifs réglementés divers destinés aux grandes entreprises disparaîtront le 31 décembre 2015. À cette date, les entreprises choisiront effectivement les offres qui leur paraîtront les plus intéressantes. Certes, le marché est déjà ouvert à la concurrence… sur le papier[1]. La fin de ce tarif devrait permettre une réelle égalité d'accès de tous les fournisseurs aux données historiques d'EDF. Cela signifie que l'électricité d'origine nucléaire – qu'EDF est obligée de fournir à 42 euros le mégawatt-heure à ses concurrents – va se trouver en concurrence avec une électricité potentiellement acquise sur un marché européen et interconnecté qui donne une préférence à l'électricité verte, ce qui n'est clairement pas à l'avantage d'EDF.

Le grand débat qui s'ouvre à ce sujet, sur les subventions publiques accordées aux énergies renouvelables, risque fort de déboucher, comme d'habitude, sur des aides accordées aux énergies fossiles et… à l'énergie nucléaire. Le marché mondial du solaire photovoltaïque, fin 2013, connaît une croissance de 35 % par rapport à l'année précédente.

L'heure de vérité a sonné. Plus encore que le charbon ou le pétrole, l'industrie nucléaire est fortement capitalistique. Seuls les États ont été à même de mobiliser la masse d'argent nécessaire à son fonctionnement. Et ce, dans un très court terme. Seul l'État a été en mesure de planifier la mise en chantier des centrales, d'assumer la maîtrise d'œuvre technique de leur construction, de définir les normes de risques acceptables et de gérer l'appareil de sûreté, opérant à

1. 84 % des grands sites non résidentiels et 95 % des entreprises moyennes sont toujours aux tarifs réglementés.

la fois comme juge et comme partie. Mais, depuis, la rentabilité du nucléaire est en berne. À titre d'exemple, le Texas a signé un contrat pour deux centrales de 100 et 50/MWc pour un coût le plus faible au monde sur vingt-cinq ans de 53,80 euros/MWh, soit 47 dollars en prenant en compte une aide de 30 % du budget fédéral. Par comparaison, le coût de l'électricité nucléaire aux États-Unis est de 130 dollars, celui de l'électricité issue du charbon de 100 dollars et du gaz à 70 dollars/MWh. Cela signifie un prix de revient du kilowatt-heure nucléaire au tiers du prix du kilowatt-heure nucléaire et à la moitié si on déduit le montant de la subvention. Les États-Unis ne sont pas les seuls dans ce cas. Au Chili, où Total va réaliser une très grande centrale solaire, le coût de production atteint 70 euros/MWh. Sans soutien public, l'industrie est donc condamnée.

À cela s'ajoute aujourd'hui la double concurrence du charbon bon marché et des énergies renouvelables qui représentent le cinquième de l'électricité européenne. Les gaziers ont tiré la sonnette d'alarme à Bruxelles pour réclamer une réduction du soutien aux énergies renouvelables mais – et c'est tout à fait paradoxal – dans le même temps, un encouragement au gaz de schiste, dont le prix ne pourra évidemment pas être de la même nature en Europe qu'aux États-Unis. Ainsi, comme dans la fable de l'arroseur arrosé, cette intervention des énergéticiens gaziers pourrait bien avoir comme effet secondaire la remise en cause du financement de l'énergie nucléaire[1].

1. Anne Feitz et Veronique Le Billon, « Énergie verte : vers une loi sur l'autoconsommation », *Les Échos*, 20 novembre 2013.

Dans le même esprit, la Commission européenne a présenté, le 7 novembre 2013, de nouvelles lignes directrices qui devraient conduire à supprimer lentement l'aide financière publique aux énergies renouvelables. Elle envisage de remplacer le tarif de rachat par d'autres instruments comme des primes de rachat. Il va de soi que les énergies classiques ne pourront pas continuer à être subventionnées au niveau auquel elles le sont. En 2011, les subventions aux énergies fossiles se sont élevées à 523 milliards d'euros (30 % de plus que l'année précédente). En comparaison, les subventions aux renouvelables n'étaient que de 88 milliards.

Second effet de cette diminution des crédits accordés : l'autoconsommation redevient un sujet d'actualité. Un projet de loi permettrait aux producteurs d'électricité d'utiliser directement celle qu'ils produisent, comme en Allemagne. Cette solution est notamment favorable pour le solaire photovoltaïque, consommé sur place. Bien sûr, la question de la cohérence entre les heures de production et les heures de consommation se pose, d'où la nécessité de raccordement au réseau, ou la possibilité de stocker son électricité dans des batteries. Arnaud Chaperon, chargé de la prospective chez Total Énergies nouvelles, estime que la rentabilité devrait être acquise vers 2018[1]. C'est d'un changement de paradigme dont il s'agit. Ainsi, Gérard Mestrallet déclarait en

1. « Les subventions ne seraient qu'une solution transitoire : compte tenu de la baisse des coûts du photovoltaïque et de la hausse tendancielle des prix de l'électricité, l'autoconsommation devrait être rentable à horizon 2018-2020. »

juin 2013 : « L'émergence de systèmes décentralisés, avec des entités de plus petite taille, au plus près des territoires, avec le développement de l'autoproduction, c'est une véritable révolution puisqu'un certain nombre de consommateurs vont devenir des autoproducteurs ! (...) Le modèle énergétique se transformera plus profondément encore, avec une production d'énergie de plus en plus décentralisée. Pour nos entreprises, c'est clair : le temps des monopoles est terminé[1]. »

Enfin, la troisième raison de quitter l'État nucléaire est purement logique. Le vieillissement des centrales va de pair avec une prise de conscience accrue de la population française du risque d'accident, plus forte depuis Fukushima. Certes, le verrouillage de l'information a encore de beaux restes, comme le prouvent les commissions locales d'information. Il n'en reste pas moins que les exigences en termes de sécurité vont croître. Autrement dit, obligé de s'expliquer et de justifier ses décisions, l'exploitant de centrale va se trouver contraint de fournir des documents, de préciser les coûts et les objectifs, avec une législation nouvelle sur la participation du public[2] qui vise à plus de transparence. S'y ajoutent les inquiétudes et la rigueur nouvelle de l'ASN.

Ces trois facteurs plaident en faveur d'une remise en cause du tout-nucléaire. À partir du moment où les premières centrales fermeront, où l'absurdité et le coût du chauffage électrique seront évidents pour

1. Ateliers de la terre, Unesco, juin 2013.

2. En effet, s'agissant de modifications importantes, l'enquête publique précédée de l'étude d'impact est obligatoire.

tous, où les Français comprendront que le choix n'est pas entre la bougie et le nucléaire, nul ne sait ce qui se passera. En effet, entre tout nucléaire et sortie du nucléaire, il y a un monde. Mais le lobby sera défait, et l'État libéré de ses chaînes.

La question se pose alors : comment, concrètement, atteindre cet objectif ?

# 19.

# Trois moyens d'y parvenir

Vouloir et pouvoir sont deux choses bien différentes. Pour sortir définitivement de l'État nucléaire et entrer de plain-pied dans le XXI^e siècle, plusieurs moyens s'offrent à nous. J'en ai retenu trois.

Jeremy Rifkin explique magistralement la manière dont les deux premières révolutions industrielles, celle du charbon au milieu du XVIII^e siècle, puis celle du pétrole à la fin du XIX^e ont façonné non seulement le développement économique mais l'organisation de la société, en s'appuyant sur des outils de communication spécifiques. Pour la première révolution industrielle, c'est la vapeur qui a permis, via les transports et l'imprimerie, un changement de nature par une massification.

Puis, au début du XX^e siècle, l'apparition du moteur à combustion utilisant les dérivés du pétrole et de l'électricité qui a permis les communications et le téléphone a abouti à la seconde révolution industrielle. La troisième, qui naît sous nos yeux, est le mariage des nouvelles technologies issues du numérique et de la révolution énergétique issue des énergies renouvelables. Elle repose sur la mise en place d'un système de production et de distribution d'énergies renouvelables, le stockage de l'électricité et sa redistribution par des réseaux intelligents[1]. L'Union européenne a adopté en 2007 un vaste programme d'application qui devait en particulier conduire chaque direction générale à évaluer l'impact de la troisième révolution industrielle sur le secteur concerné. La Commission devait établir un plan général de mise en œuvre. Tout ceci est resté très largement lettre morte au moins en France, mis à part l'opération du Nord-Pas-de-Calais. Il s'agit d'y revenir.

Le premier moyen consiste à créer un réel contre-pouvoir rassemblant tous les acteurs. Il s'agit d'organiser une véritable coalition de tous ceux qui ont intérêt au changement de modèle. En commençant, parce que leurs intérêts sont conjoints, par l'économie 2.0 (celle du numérique) et l'économie verte. Nous avons besoin des entreprises qui vont gagner leur vie avec la révolution énergétique, la société interconnectée, l'économie circulaire[2], la ville durable, l'agriculture intégrée et saine. Il s'agit de bâtir le nouveau modèle de développement et de création de valeur, décentralisé, utilisant pleinement les réseaux, réutilisant les déchets dans un cycle permanent, favorisant les circuits courts. Aujourd'hui, la faiblesse de ces acteurs tient à leur isolement. Mais

---

1. Jeremy Rifkin, *La Troisième Révolution industrielle, Comment le pouvoir latéral va transformer l'énergie, l'économie et le monde*, éditions Les Liens qui libèrent, 2012.

2. Il s'agit du « *cradle to cradle* », ou « du berceau au berceau » qui vise à réutiliser de façon infinie la matière première.

si ce réseau s'organise, il est en capacité de peser, et de peser d'autant plus qu'il va devenir très vite un lieu majeur de création d'activités et d'emplois. Quant aux grandes entreprises du domaine de l'électricité, ne produisant plus d'énergie nucléaire, elles pourraient également y trouver leur compte. Un nouveau monde est en marche.

Les digues céderont nécessairement à partir du moment où cette coalition atteindra une envergure suffisante. Il est possible que des pressions retardent sa mise en place, mais elles ne pourront empêcher le plus grand nombre de s'imposer dans la partie. Au-delà des entreprises, il faudra mettre en place une coalition syndicale des employés et salariés, comparable à celles qui existent chez les nucléocrates d'EDF et d'Areva.

La troisième révolution industrielle sera énergétique, elle est indissociable de l'économie de fonctionnalité, qui permet d'utiliser le produit sans nécessairement en avoir la propriété. Autolib', Vélib' mais aussi la location de services à la place de l'acquisition de produits : photocopie (Xerox), pneus (Michelin), de moquette (Interface), mais aussi d'ascenseur et même de molécules chimiques sont une nouvelle organisation qui permet de réduire la production, l'utilisation de l'énergie et des matières premières, le poids des déchets, tout en créant de l'activité et des emplois.

Mais il ne faut pas s'arrêter aux producteurs de biens et de services. Les consommateurs sont des acteurs indispensables de cette nouvelle coalition. Certes, ce ne sont pas les dix-neuf associations de consommateurs reconnues et une direction de la consommation intégrée dans le ministère du Commerce qui permettent aujourd'hui l'émergence d'un réel contre-pouvoir. Du reste, le vote d'une *class action* au rabais, pour se concentrer sur les questions purement concurrentielles, en atteste. Il faut donc que les consommateurs s'unissent. Leur poids sur les questions du prix de l'électricité, de l'impact environnemental et sanitaire, voire du développement d'énergie renouvelable pourrait faire pencher la balance en leur faveur, et obliger les nucléocrates à tendre l'oreille.

Cette grande coalition – entreprises, salariés, consommateurs – pourrait, en mettant en commun ses réseaux, sa presse, ses spécialistes, ses moyens financiers, intervenir et commencer à grignoter l'omnipotence du pouvoir nucléaire. Par ailleurs, elle changerait complètement la manière de raconter l'histoire.

Le deuxième changement majeur devra venir des collectivités locales. Aujourd'hui, à quelques exceptions près, celles-ci sont restées très modestes dans leur intervention dans le domaine de l'énergie, n'utilisant même pas les moyens qui sont déjà à leur disposition. Certes, des chaufferies bois se sont développées, quelques méthaniseurs, quelques éoliennes. Hors de l'Outre-Mer, qui se voit de manière absurde limité à 30 % d'énergies renouvelables dans son bouquet énergétique, les collectivités locales ont peu fait sur l'électricité et le développement de leur autonomie énergétique. Or, ce sont elles qui portent la capacité de transformation la plus importante. Paradoxalement, la crise économique et la désertification de certains territoires pourraient être des atouts considérables dans l'hypothèse d'une accélération dans ce domaine.

Pourquoi est-ce si lent ? En raison du caractère volontairement très compliqué voire abscons du système réglementaire. Mais pas seulement. Du fait du cumul des mandats, les grands élus sont souvent parlementaires, et les parlementaires sont souvent proches du lobby. La boucle est bouclée. Ainsi, et de manière inattendue, le non-cumul des mandats pourrait aussi permettre de faciliter la sortie de l'État nucléaire.

À l'échelle mondiale, les villes sont aux avant-postes de ces transformations proches. Aux États-Unis, en Chine, au Brésil pour ne pas citer d'exemples européens, les innovations sont légion et les résultats spectaculaires. En France, la décentralisation énergétique pourrait être une véritable révolution, aux effets gigantesques, bien au-delà de la seule production électrique. Elle n'est évidemment pas impossible puisque certaines villes s'y sont lancées. Comme pour l'eau ou les déchets, la possibilité de s'organiser en régie doit désormais être reconnue par la loi. Un exemple pourrait être étendu à toute la France.

L'ancien maire de Montdidier, Catherine Le Tyrant, a décidé voici une dizaine d'années de l'autonomie énergétique de sa ville. Elle a donc réalisé une première centrale au bois à cogénération destinée à alimenter les bâtiments publics en chaleur, et à fournir de l'électricité. Il faut toutefois préciser une particularité pour cette ville, partagée avec cent cinquante autres communes de France qui n'ont pas su ou pas voulu en tirer le même parti : la commune a l'immense chance de pouvoir vendre son électricité directement sans passer par le rachat obligatoire puisqu'elle est en régie.

Le bénéfice qu'elle a tiré de la vente de son électricité a été divisé en trois : une part pour la régie, une part pour l'investissement, une part pour le contribuable par un impôt. Ce système a donc permis de financer progressivement un champ d'éoliennes, puis un champ de panneaux photovoltaïques, avant de financer une deuxième centrale à bois qui permettra d'atteindre 100 % des besoins en électricité de Montdidier, voire plus. Mme Le Tyrant compte ensuite pouvoir vendre aux communes voisines son excédent. Cette politique s'est accompagnée d'une dynamique économique locale par la création d'une entreprise de BTP spécialisée dans l'installation d'énergies renouvelables et une autre spécialisée dans la maintenance.

Sans être allée aussi loin, la communauté de communes du Mené, en Bretagne, a mis en place un système de production d'électricité par méthanisation à partir du lisier, qui fournit 40 % de l'électricité locale et développe aujourd'hui son parc éolien autogéré. Cette reprise en main de la production d'électricité par les collectivités locales présente évidemment un intérêt majeur. En effet, susciter une production locale d'électricité, c'est utiliser les atouts d'un territoire pour créer de l'activité économique, d'abord sous forme énergétique, puis en attirant des entreprises. Et c'est aussi redonner du pouvoir d'achat aux habitants.

Les communes qui n'ont pas opté pour la régie pourraient quant à elles utiliser la proposition faite par l'ancien maire de Lambesc, Jacques Bucki, sur le financement d'installations d'énergie renouvelable. L'objectif est d'obtenir des rentrées financières qui permettraient de réduire d'autant les impôts des habitants : « Dans le système actuel, le financement des énergies renouvelables est issu en grande partie de la contribution sociale à la production d'électricité (CSPE). Elle est payée par le consommateur et permet de subventionner les tarifs de revente des producteurs d'énergies renouvelables. Or, les dividendes perçus par ces entreprises privées reviennent aux actionnaires et ne profitent qu'à certaines communes privilégiées. De plus, ce système n'encourage pas l'implication du citoyen qui ne voit pas les bénéfices de sa participation financière via la CSPE. Je défends un système en partenariat avec les entreprises grâce à la création de sociétés mixtes publiques-privées et citoyennes dont les profits sont reversés directement aux administrés et aux collectivités pour financer la transition énergétique sur les territoires. Les collectivités territoriales sont les mieux placées pour cela : à énergie renouvelable décentralisée, une politique décentralisée[1] ! »

Ce changement de modèle passe aussi par la maîtrise et la réduction de la consommation énergétique. À cet égard, les communes disposent déjà de moyens pour aider les habitants à réduire la facture. À commencer par le guichet unique de rénovation énergétique qui doit répondre à toutes les questions liées à la rénovation. Et puis, il y a l'urbanisme, doté d'une approche environnementale, et la rénovation

1. Propos recueillis par Valentin Martinez, *Senova magazine*, 9 octobre 2013.

du parc public qui se doit d'être exemplaire. Enfin, certaines communes proposent des aides financières directes, comme par exemple une réduction de la part communale de la taxe foncière à Lambesc.

Une nouvelle construction est donc envisageable donnant aux régions la compétence pour organiser l'énergie décentralisée ; cette compétence pourrait être déléguée aux communautés de communes ou aux agglomérations. Des sociétés régionales et locales d'énergie pourraient financer les investissements pour la production comme pour la distribution. Une nouvelle répartition devrait alors obligatoirement s'effectuer entre EDF et ces sociétés, de manière à s'assurer que l'essor des énergies renouvelables ne pourrait pas être freiné comme il l'est aujourd'hui. Ces sociétés locales de distribution pourraient directement, ou par des sociétés privées dont elles seraient actionnaires, acheter et vendre de l'électricité, sans limitation géographique, au prix du marché. Tout ceci reste donc à conquérir et, plus encore, à inventer.

En effet, les compétences des collectivités locales restent très limitées. Sauf pour payer sans décider. Elles n'ont aucun pouvoir, sauf pour celles qui sont en régie complète, pour définir les prix, le niveau d'investissement, ou la qualité et l'origine de l'énergie. Tout est décidé par la commission de régulation de l'électricité à un niveau centralisé et dans l'intérêt exclusif d'EDF. Alors oui, les collectivités peuvent aménager et exploiter des installations de production d'électricité renouvelable mais de puissance modeste. Oui, elles peuvent aménager et exploiter les infrastructures pour les véhicules électriques mais elles ne peuvent que donner un avis sur le programme du concessionnaire ! De grands changements pourraient intervenir dès maintenant, par exemple en favorisant la constitution de coopératives d'habitants, sur le modèle suisse et allemand, comme l'a fait la commune de Foussemagne, dans le Territoire de Belfort. Plus d'une dizaine de projets ont été financés par ce biais.

Il est donc indispensable de passer à un système décentralisé, celui de nos voisins européens. Plus les acteurs seront nombreux, plus les intérêts économiques seront puissants, plus les citoyens seront mobilisés et plus vite le rapport de force changera. Les collectivités locales pourraient également jouer un rôle de regroupement des consommateurs d'énergie, non seulement pour les besoins publics mais également pour les petits consommateurs (domestiques ou professionnels) afin d'obtenir les meilleurs tarifs, en dehors de l'autoconsommation lorsqu'elle sera mise en place.

Il n'est pas possible, compte tenu de ce qui précède, d'imaginer passer à un autre modèle énergétique sans tenir compte de toute la symbolique qui entoure le projet nucléaire. La France porte en elle le rêve de son passé glorieux et de sa puissance. Cette énergie participe de ce mythe national sous la forme à la fois de l'indépendance, du leadership technologique et de l'excellence. Ne rêvons pas. Toute voie alternative, pour avoir quelque chance de succès, devra être présentée non pas comme un succédané, mais comme une nouvelle aventure.

Il faudra également que ce nouveau projet permette le passage du système actuel au système futur fondé sur les énergies renouvelables et les innovations de rupture. Certes, nous avons beaucoup de retard dans l'éolien on-shore et le photovoltaïque, mais nous avons un fort potentiel de sites. En revanche, les marchés de niche du photovoltaïque, le solaire à concentration, ou encore l'éolien off-shore flottant offrent de grandes perspectives... dès maintenant ! De même, l'utilisation des algues, micro et macro, sous toutes leurs formes et dans tous leurs usages potentiels, et notamment comme agrocarburants de la troisième génération pourrait passer très vite à une phase industrielle si les start-up qui les produisent avaient les moyens financiers nécessaires. EDF et surtout Areva ne s'y trompent pas, dans la mesure où ces entreprises commencent à investir sérieusement dans ces nouvelles perspectives.

À côté de ces projets existants, il en existe un qui pourrait permettre au rêve français de s'illustrer à nouveau : le stockage. Ce sujet est en quelque sorte le Graal depuis des années. Jusqu'à présent, l'électricité ne se stocke pas. Une solution nouvelle est apparue avec la méthanisation qui règle simultanément la question de l'intermittence des énergies renouvelables, des émissions de gaz à effet de serre et du stockage. Une solution trois fois gagnante[1] ! Le

1. Le principe consiste à utiliser le surplus d'énergie renouvelable inutilisé pour fabriquer de l'hydrogène par électrolyse puis à utiliser le $CO_2$ émis par des installations de combustion pour fabriquer du méthane. Il s'agit alors d'un méthane totalement artificiel dont la contribution aux émissions des effets de serre est quasi nulle puisqu'il est fabriqué à partir d'énergies renouvelables et de $CO_2$ déjà émis. Ce procédé a d'immenses avantages : il permet de réutiliser le $CO_2$ afin qu'il ne contribue pas au moins en totalité aux émissions des effets de serre. Il permet de récupérer une

gaz peut en effet être utilisé soit comme carburant sous forme de gaz naturel pour véhicules (GNV), soit pour alimenter en chaleur et en électricité une usine à gaz.

Malheureusement, la France accuse déjà un retard considérable par rapport à l'Allemagne. Pour autant, rien n'est perdu. Nous avons la capacité d'être un leader mondial en termes de stockage, et ce choix pourrait répondre à nombre des objectifs qui précèdent, dans la mesure où tous les pays du monde sont confrontés au même problème. En effet, le CEA a d'ores et déjà beaucoup investi sur ce sujet, même s'il a tendance à se limiter à l'hydrogène. Mettre en place des usines de méthanisation répondrait en même temps aux exigences techniques et industrielles et ouvrirait un champ d'exportation immense.

S'agissant de la France, GRDF dispose de réseaux qui permettraient d'accueillir le gaz artificiel ainsi fabriqué. Ils permettraient en particulier de transporter le gaz fabriqué à partir des éoliennes off-shore et plus généralement des énergies marines. Ce projet qui pourrait faire de la technologie française une figure de proue au niveau mondial serait un sujet de fierté au même titre qu'a pu l'être en son temps le nucléaire. Enfin, cette solution présenterait un

---

électricité inutile puisque produite à un moment où elle ne peut être utilisée. Enfin et surtout, il rend superfétatoire la création de nouveaux réseaux puisque les réseaux de gaz existants peuvent transporter le méthane sur les lieux de consommation ou en direction d'une usine de cogénération utilisant ce gaz comme matière première.

avantage décisif : en effet, les centrales sont en baisse de régime la nuit puisque l'électricité ne peut être consommée. L'utilisation de l'électricité fabriquée durant cette période, permettant une production en continu dans le cadre de la méthanisation, permettrait le maintien d'un nombre équivalent de kilowattheures… mais avec un nombre de centrales réduit[1].

Il est clair que si conjointement, les collectivités locales décidaient de faire de leur autonomie énergétique un impératif, si une coalition pour la troisième révolution industrielle se constituait et si, enfin, le CEA se dotait d'un nouveau projet majeur, alors tout serait possible[2].

---

1. Voir sur ce point la contribution de Robert Bell et Corinne Lepage au Débat national Transition énergétique (DNTE) ainsi que la liste des membres infra, en annexe.

2. Mais comment le financer ? Par la création d'un grand fonds intergénérationnel pour financer le plan Soleil (solution énergétique d'investissements à long terme), qui verrait les sommes bloquées pour trente ans et destinées à financer uniquement la troisième révolution industrielle.

# 20.

# Un nouveau monde

Ce que peu de gens savent (et ceux qui savent ne le disent pas), c'est que nous avons le premier gisement d'énergies renouvelables en Europe. Nous disposons par ailleurs de très nombreuses start-up prêtes à développer des technologies nouvelles mais le système actuel, le CEA principalement, les tient sous le boisseau, veillant à ce que leur financement soit le plus limité possible. EDF, de son côté, rachète toute start-up qui pourrait se révéler intéressante, et malheureusement pas pour la développer.

La stratégie élaborée par la région Nord-Pas-de-Calais montre ce qui pourrait être fait, si les barrières étaient levées une fois pour toutes. Une gouvernance particulière a été mise en place. Cent vingt décideurs économiques, chefs d'entreprise, responsables politiques et territoriaux, personnalités du monde de l'éducation et de la recherche, représentants d'organisations professionnelles, syndicales, sociales, environnementales, se sont attachés à concevoir une stratégie à l'échelle de la région. C'est donc une nouvelle forme de gouvernance, qui mêle démocratie représentative et participative, qui dépasse l'horizon temporel d'un mandat et qui donne de véritables perspectives. Les propositions formulées permettent d'économiser potentiellement 7,68 milliards d'euros à l'horizon 2050 (60 % de consommation énergétique en moins, et émissions de gaz à effets de serre divisées par quatre), mais aussi de créer de nombreux emplois.

Le passage aux énergies renouvelables à 100 % est prévu à l'horizon 2050, ce qui signifie la fermeture de Gravelines et son non-remplacement. Outre l'éolien off-shore et on-shore, la méthanisation, qui devrait fournir 40 % des besoins de la région d'ici 2050, le projet vise à permettre au grand public de s'approprier la production d'énergies renouvelables en soutenant les investissements d'autoconsommation.

Appliqué à l'échelle nationale, un tel plan réduirait certes le monopole d'EDF en termes de fourniture d'électricité, mais ouvrirait de nouvelles voies. Marc Roquette, copilote du groupe de travail énergies renouvelables, administrateur (et ancien président) de l'entreprise Roquette Frères affirme : « La vision d'un monde reposant entièrement sur les énergies renouvelables, je ne l'avais pas il y a deux ans. J'étais persuadé que le nucléaire devait encore jouer un rôle. J'ai maintenant la conviction que nous parviendrons à couvrir nos besoins en grande partie grâce à la production d'énergies éoliennes (terrestre, maritime proche et lointain) et photovoltaïques. » Si des industriels aussi performants sont convaincus de l'intérêt économique et de la rentabilité de cette révolution, pourquoi les autres ne le seraient-ils pas aussi ?

Chacun peut mesurer ce que notre système crée comme centralisation, archaïsme, rigidités à tous les niveaux. Sortir de l'État nucléaire, c'est permettre à la France de changer de siècle et de perspectives.

Si aujourd'hui, l'Europe ne fait plus rêver, c'est qu'elle souffre de n'avoir plus de grand projet. Or il en est un qui s'impose d'évidence : l'énergie. Mais il ne peut exister sans une très forte implication franco-allemande. Il faudra quitter le nucléaire pour vraiment entrer dans l'Europe. Notre manque d'ambition pèse à la baisse sur les objectifs d'unité, de modernité, d'efficacité.

La disparition de l'Euratom est souhaitable, tout autant que son remplacement par une structure similaire, destinée spécifiquement à développer l'Europe de l'énergie, en particulier dans le domaine industriel. Compte tenu de l'emprise du pouvoir nucléaire sur la société française à tous les niveaux, le changement d'orientation ne peut venir que d'un changement de rapport de force. Ce n'est évidemment pas le petit lobby antinucléaire, aussi organisé et imaginatif qu'il puisse être, qui peut arriver à peser. Ce n'est pas davantage le parti Vert qui a renié ouvertement ses convictions dans le contrat passé avec le Parti socialiste contre des députés et sénateurs.

# CONCLUSION

## Le démantèlement, c'est maintenant !

Lorsqu'on écrira l'histoire de France de la deuxième moitié du XX^e siècle et du début du XXI^e, et que nos successeurs chercheront à analyser les raisons de notre mal-être, de notre déclin industriel, de notre perte de puissance, les explications ne manqueront pas. De très nombreux ouvrages ont déjà décrit l'énarchie, le pouvoir des grands corps, la réglementation tatillonne, la désindustrialisation. Mais l'impasse dans laquelle nous sommes sera en bonne place.

Le moment est donc venu de changer, et de sortir de cet État nucléaire qui nous étouffe. La question est de savoir s'il s'agira d'une réforme ou d'une révolution. Autrement dit, nos dirigeants seront-ils assez sages pour programmer dans la durée la transformation énergétique, ou bien le lobby sera-t-il assez puissant pour maintenir de toutes ses forces le couvercle sur la marmite jusqu'à ce que celle-ci explose ? Si tel était le cas, nous perdrions sur tous les fronts.

Pour ne pas risquer un tel dilemme et sans attendre, nous pouvons tous décider que cela suffit ! Dès demain, chacun d'entre nous peut acheter de l'électricité verte, investir dans l'isolation et, s'il le peut, la production d'électricité, contribuer voire créer une coopérative d'habitants, choisir des élus qui ne soutiendront pas le lobby mais au contraire s'investiront dans l'indépendance énergétique. Et puisque l'indépendance nationale reste un thème qui nous est cher, rappelons que le vent, l'eau et le soleil sur notre territoire pourraient assurer notre liberté retrouvée à l'horizon 2050.

Demain, c'est déjà aujourd'hui.

ANNEXE

# Liste des membres du Débat national Transition énergétique

Nathalie Alazard-Toux (énergies fossiles et économie de l'énergie, Ifpen, Ancre)
Agnès Benassy-Quéré (macroéconomie, CEPII, CAE)
Jean Bergougnoux (économie de l'électricité, équilibre des énergies), ancien directeur d'EDF
Pierre Bornard (réseaux, RTE)
Pascale Braconnot (climat, LSCE)
Gaël Callonec (macroéconomie, Ademe)
Alain Canet (agroforesterie, Association française d'agroforesterie)
Jean-Marie Chevalier (géostratégie de l'énergie, université de Dauphine)
Denis Clodic (innovation, technologies, Académie des technologies)
Michel Colombier (économiste énergie-climat, Iddri)
Renaud Crassous (scénarios énergétiques, EDF)
Christian Couturier (biomasse, Solagro)
Patrick Criqui (modélisation, économie de l'énergie, LEPII-EDDEN, Ancre)
Jean-Pierre Orfeuil (mobilité, IVM, université Paris-Est-Créteil)
Dominique Dron (financement, impacts écologiques, CGDD)

Wolfgang Eichhammer (comparaisons internationales, Fraunhofer ISI)
Cyria Emelianoff (ville durable, université du Maine, Le Mans)
Jean Garnier (gaz, GDF Suez)
Alain Gioda (énergies renouvelables, IRD)
Gaël Giraud (macroéconomie, financement, CNRS, PSE)
Jean-Marc Jancovici (énergie-climat, Carbone 4)
Jean-Pierre Joly (énergie solaire, CEAEA, Ancre)
Bernard Laponche (énergie, Global Chance)
Paul Leadley (écologue, université Paris-Sud)
Bruno Léchevin (précarité énergétique, CRE)
Benoît Leguet (économie climat, CDC climat)
Paul Lucchese (transport, CEAEA, Ancre)
Bruno Maresca (usages de l'énergie, Credoc)
François Moisan (économie, Ademe)
Rémy Mosseri (recherche énergie, CNRS)
Michèle Pappalardo (économie de l'énergie, Cour des comptes)
Philippe Pelletier (maîtrise de l'énergie bâtiment, Plan bâtiment)
Cédric Philibert (énergies renouvelables, Ademe)
Jean-François Poupard (emploi et pouvoir d'achat, Syndex)
Philippe Quirion, (économie du climat, emploi, Cired)
Olivier Rech (pétrole, Energy Funds Advisors)
Cyril Roger-Lacan (géopolitique de l'énergie, Conseil d'État)
Thierry Salomon (scénarios, négaWatt)
Corentin Sivy (financement, BayWa R.E.)
Jean-François Soussanna (agriculture et énergie, Inra)
Henri Sureau (emploi et pouvoir d'achat, IED)
Marie-Christine Zelem (comportements énergie, Certop, université Toulouse-II-Le Mirail)

# Table

Introduction .......................................................... 9

Première partie. Les neuf dénis qui plombent la France .......................................................... 15

1. Fessenheim, ou le déni du risque ................ 17
2. Fukushima, ou le mythe de la sécurité ....... 29
3. Le déni sanitaire et environnemental ............. 42
4. Bure, ou le mythe d'une gestion propre des déchets .................................................... 56
5. L'ASN, ou le déni de la dépendance .......... 70
6. Flamanville, ou le mythe du nucléaire pas cher .................................. 78
7. ATMEA, ou le déni du fiasco (commercial)..... 89
8. Le 3 x 20, ou le mythe énergétique ............... 94
9. Le futur confisqué, ou le déni démocratique ............................. 105

Deuxième partie. Le pouvoir nucléaire ........... 113

10. Les Mines : au cœur du système .................... 115
11. Des catastrophes industrielles à répétition .... 127
12. La pieuvre EDF ............................................ 139
13. Les tentacules ............................................. 147
14. Le noyautage politique ................................ 158
15. Les sociétés d'influence ............................... 172
16. Des académiciens aux idées mortelles ....... 181
17. La société civile ........................................... 191

Troisième partie. La troisième révolution
industrielle ....................................................... 203

18. Trois raisons d'en finir avec le nucléaire ... 205
19. Trois moyens d'y parvenir ........................... 213
20. Un nouveau monde ...................................... 225

Conclusion : Le démantèlement,
c'est maintenant ! ............................................. 229

Annexe ................................................................ 231

## DU MÊME AUTEUR

*Code annoté de procédures administratives contentieuses*, Litec, 1990.

*Les audits d'environnement*, Dunod, 1992.

*On ne peut rien faire, Madame le ministre*, Albin Michel, 1998.

*Bien gérer l'environnement, une chance pour l'entreprise*, Le Moniteur Éditions, 1999.

*La politique de précaution*, en coll. avec François Guéry, PUF, 2000.

*Oser l'espérance*, Robert Jauze, 2001.

*De l'écologie hors de l'imposture et de l'opportunisme*, Raphaël, coll. « Temps critique », 2003.

*Santé & Environnement :* l'ABCdaire, Michel Lafon, 2005.

*J'arrive*, sous le pseudonyme de Catherine Medicis, Michalon, 2005.

*Écoresp2 2006*, @telier de presse, 2006.

*Et si c'était elle ?*, roman de politique fiction, Michalon, 2006.

*Constitution pour une nouvelle République*, @telier de presse, 2006.

*On efface tout et on recommence*, sous le pseudonyme de Catherine Médicis, Michalon, 2006.

*Vivre autrement*, Grasset, 2009.

*Entre colère et espoirs*, Première Édition et e-book, 2009.

*Sans le nucléaire, on s'éclairerait à la bougie*, en collaboration avec Jean-François Bouvet, Le Seuil, 2010.

*La vérité sur le nucléaire, le choix interdit*, Albin Michel, 2011.

*Composition Nord Compo*
*Impression CPI Bussière en août 2014*
*à Saint-Amand-Montrond (Cher)*
*Editions Albin Michel*
*22, rue Huyghens, 75014 Paris*
*www.albin-michel.fr*

*ISBN : 978-2-226-24549-6*
*N° d'édition : 20500/01. – N° d'impression : 2010688.*
*Dépôt légal : septembre 2014.*
*Imprimé en France.*